袴を穿いたような屋根が特徴的な凱風館の南面外観

左　道場に入るパブリックな玄関。左に施主が自ら書いた看板
右　周辺の街のスケールにとけ込む凱風館の屋根を見下ろす

合気道のお稽古の直前まで書斎で執筆を続ける内田樹さん

左　道場と二階の書斎を結ぶ、漆喰で塗られた白い階段室
右　内側から見た道場の玄関扉。遠近法を取り入れたデザイン

上　書斎から見上げた二階客間サロンの天井。スペースごとに異なる屋根が連なる様子がわかる
下　こたつの置かれた客間サロンから書斎を見る

上　一階道場で合気道のお稽古に励む甲南合気会の皆さん
下　壁から引き出された山本浩二画伯渾身の「老松」

ちくま文庫

増補 みんなの家。

建築家一年生の初仕事と今になって思うこと

光嶋裕介

筑摩書房

増補　みんなの家。　目次

1 はじめての依頼 8
2 施主との出会い 15
3 「イメージは武家屋敷」 23
4 水晶のような家 30
5 はじめてのプレゼン 37
6 フォルコラ――ヴェネチアでみつけた宝物 46
7 命名『凱風館』 55
8 建築家は指揮者 65
9 美山町・小林直人さんの杉 74
10 国産の木で家を建てるということ 85
11 施工者は中島工務店に決定 92
12 加子母村から檜の家づくり 99
13 凱風館、出発――快晴の地鎮祭 110
14 ポルトガルで巨匠と逢う 118

15 縁の下の力持ち――金箱先生の構造設計 129
16 大工たちの身ぶりと息づかい 139
17 大地の壁をつくる 149
18 土のソムリエ・井上良夫さん 159
19 淡路のカワラマン・山田脩二さん 168
20 カーテンを超えるカーテンをめざす・安東陽子さん 179
21 時間に耐える建築――アルハンブラ宮殿と東大寺南大門 191
22 名脇役たち 201
23 魂の画家・山本浩二さん 213
24 「鏡」としての「老松」 225
25 「凱風館竣工記念」マラソン 234
26 みんなの家。 244

スペシャル鼎談「凱風館へようこそ」 257
井上雄彦［漫画家］×内田樹［施主］×光嶋裕介［建築家］
「叶い続ける夢を見る」 298
【特別展 ガウディ×井上雄彦 カタログエッセイ】 304
あとがき 316
変わり続ける、変わらなさ――文庫版あとがきにかえて 322
解説 涼やかなひと 鷲田清一 329
口絵撮影 山岸剛

増補　みんなの家。

建築家一年生の初仕事と今になって思うこと

1　はじめての依頼

二〇一〇年二月十一日、神戸女学院大学教授（当時）の内田樹さんから一通のメールが届きました。

タイトルは「土地を決めました」。

本文には、神戸市内のJR住吉駅から徒歩三分の土地を買い、そこに自宅兼道場兼能舞台を建てたいので設計を頼みたい、と書かれていました。

まだ一軒も家を建てたことのない新米建築家に、はじめての設計依頼がきたのです。しかも内田さんとはほんの二ヵ月前に、ご自宅での麻雀大会ではじめてお会いしたばかりです。言葉にできない驚きと胸の高鳴り。

パソコンのモニターをにらみつけるようにくり返し何度も文面を読んでから、返信を送りました。

僕はベルリンの建築設計事務所で四年弱働いて、二年前に帰国しました。三十歳までに独立しようと決めていたので、帰国後まもなく自分の事務所を開きました。
まだ一級建築士の資格を取得したばかりで、内装設計やコンペは経験しているものの、更地から自分のデザインで建築を建てるのはまったくの初めてです。
精一杯努力して先生のために良い建築をつくりたいと思います。なにぶん初めてのことばかりなので時間はかかりますが、ぜひともやらせてください。

翌朝、二通目のメールが届きました。

最初から一軒丸ごと設計するのははじめて、というのはよかったですね。いずれにせよ、どこかで最初の仕事は経験するわけですけれど、それがうちの道場／住宅であるならば、ぼくもうれしいです。
若い人にチャンスを提供するというのは、年上の人間のたいせつな仕事ですから。

嬉しさのあまり舞い上がってしまい、こんなこともあるのかと、本当にほっぺたでもつねってみようかと思ったほどです。

あ、申し遅れました。みなさん、こんにちは。「こうしまゆうすけ」と申します。職業は建築家です。子どもの頃から絵を描くのが好きで、画家が絵を後世に残すように、自分もなにか後世に役立つような作品を残す仕事に就きたいと思ったことから、高校の美術の先生に勧められて建築を勉強するようになりました。

学生時代にはヨーロッパをたくさん旅して、巨匠と呼ばれる建築家たちの仕事を実際に自分のからだで体験しながら、スケッチして回りました。ル・コルビュジェのラトゥーレット修道院、ミース・ファン・デル・ローエのトゥーゲンハット邸、アルヴァ・アアルトのマイレア邸、アントニ・ガウディのコロニアル・グエルにカルロ・スカルパのカステルヴェッキオ美術館など、建築を志すならぜったいに見ておきたい建物ばかりですが、ピリッとしびれるような崇高な建築空間に身を置くことで、先人たちの仕事に圧倒されつつ自分もいつかそうした建築を設計してみたいと強く思うようになりました。

建築学科の大学院を卒業したあと、旅ではなくヨーロッパで仕事をしながら生活がしたいと考えて、尊敬する五人の建築家に率直に「働かせてほしい」と直筆の手紙を出しました。残念ながら最も一緒に働いてみたかった建築家、スイスのピーター・ズントーの事務所には雇ってもらえませんでしたが、第二希望のドイツの設計事務所に

▲最初のスケッチ（1999年）。大学2年生の夏、初めての一人旅は、ギリシャのアテネにあるパルテノン神殿から始めました

▲ベルリンで働いていたザウアーブルッフ・ハットン・アーキテクツにて。2005年頃

職を得ることができたのです。三年十ヵ月、必死で働きました。友達が一人もいない、縁もゆかりもない辺境の地ベルリンでの生活は孤独との戦いから始まりました。

でも、住めば都とはよく言ったものです。東西を分断していた壁のなくなった都市には、自由な空気が満ちあふれていて、すてきな仲間たちとすぐに出逢うことができました。ドイツ語も少しずつしゃべれるようになり、仕事も刺激的でやりがいがあり、休みの日には、コンサートや美術館巡りなどを楽しむ毎日を送るようになっていました。

今になって思うこと【1】

建築家の働き方は、「依頼される」ことから始まります。実際の仕事は少し先の未来を一緒に考えることなので、依頼されるという「受け身」な状態からスタートするものの、どこか「おせっかい」のようにときには過剰に依頼主に対してコミットするという能動的な側面もあるものです。

内田先生との奇跡のような出会いは、本当に突然でした。まさか自分が愛読する本の著者に会えるとは夢にも思っていませんでしたし、何より建築家としての「初めての仕事です」とカミングアウトした際の優しいお言葉には強く心が動かされました。

本文で学生時代の旅を振り返りながら影響を受けた世界の名建築に対して「ピリッとしびれるような崇高な建築空間」と書いていますが、今ではそのような状態を「生命力の高い空間」という風に言語化するようになりました。というのも、僕は凱風館が完成してからすぐに内田先生の下で合気道を学ぶことになったのです。他者への想像力をもって取り組んだ処女作の設計が完成し、道場ではじめてのお稽古が行われるのを見ていたら、僕も無性に合気道がやりたくなりました。ごくごく普通にそう感じたのです。設計に一年、工事に一年、時間にして合計およそ二年もの間、ずっと想像していた空間がついぞ「生きはじめた」瞬間を目の当たりにして、内田先生と道友の「みんなの家」である凱風館の人生を一緒に併走しながら見届けてみたいと素直に思ったからです。

試合がなく、強弱勝敗を競わない合気道という武道を学び始めてわかったことの一つが、いかに自分がこれまで対立的に物事を捉え、数値化できる領域における価値判断に執着し、勝つことに喜び、負けることに悔しさを覚え、(負けた時の相手に対して)嫉妬していたかということでした。僕にとって合気道は、自らの身体感覚の開拓を意味していて、比べるべきものはいかなる他者でもなく、昨日の自分であり、数値化できない見えないものにこそ基準を設定する圧倒的な価値観の転換でした。それが上述した「生命力」というキーワードとの確信的な出会いです。

生命力は、何も自分で測れるものではなく、ましてや査定するものでもなく、ただ感じるものです。生命力について考えることは、自分の身体のセンサーと関係しています。だから、それは同時に「空間を知覚すること」あるいは、「空間と対話することについて考える」ことだと気付いたのです。

2　施主との出会い

ベルリンから帰国して間もない二〇〇八年の春、僕はまるで受験生のように図書館に通い詰めて、一級建築士の資格をとるための猛勉強をしていました。退屈な勉強のさなか、幻想都市風景などのドローイングを描いたりするようになっていました。そんなかたわら、自分の将来を勝手に夢想し、「いつか建ててみたい十の建築」というリストをつくったことがあります。

建築はほんらい、クライアント＝施主がいて、土地があり、予算とスケジュールが決まって、はじめて成立するものですが、夢を見るのは自由なはず。僕はこんなリストをノートに書きだしました。

1）キース・ジャレットの音楽スタジオ@ニューヨーク
2）ピナ・バウシュのダンススクール@ブッパタール

3）村上春樹の書斎@軽井沢
4）フェルナンド・ペソアの図書館@リスボン
5）ヴィム・ヴェンダースの映画館@ベルリン
6）トーマス・デマンドの写真美術館@ベルリン
7）エリック・カントナのサッカー・スタジアム@マンチェスター
8）イチローのベースボール・スタジアム@シアトル
9）マイケル・ジョーダンのバスケットボール・アリーナ@シカゴ
10）マルタ・アルゲリッチのコンサートホール@ブエノスアイレス

ピアニスト、作家、映画監督、スポーツ選手……自分の憧れのヒーローたちが、これでもかとばかりに勢揃いしています。自分の敬愛する人と一緒に、その人のための建築をつくる。建築家にとってこれほどの幸せはありません。ノートの端に殴り書きしたこのリストは、その後の僕の支えになりました。

そして、僕にはじめての仕事を依頼してくれたのは、このリストの十一番目に加えたい方——僕がまだ学生時代に、先生の最初の著作『ためらいの倫理学』（冬弓舎、二〇〇一年）と出会って以来、ひとりのファンとして尊敬していた内田樹さんなんです。

10 Dream Architecture

1. Keith Jarrett Music Studio @ NYC
2. Pina Bausch Dance School @ Wuppertal
3. Haruki Murakami Study @ Karuizawa
4. Fernando Pessoa Library @ Lisbon
5. Wim Wenders Movie Cinema @ Berlin
6. Thomas Demand Photography Center @ Berlin
7. Eric Cantona Football Stadium @ Manchester
8. Ichiro Baseball Park @ Seattle
9. Michael Jordan Basketball Arena @ Chicago
10. Martha Argerich Concert Hall @ Buenos Aires

▲わら半紙に書き付けた夢の建築リスト

そもそもの始まりは二〇〇九年十二月二十八日のこと。内田さんが毎月一回ご自宅で開かれている甲南麻雀連盟の定例会に参加させてもらいました。大学で講義を受けていた山本浩二画伯が内田さんの幼なじみ（正確には中学時代のSF文通仲間）で、僕が内田さんのファンであることを知って、誘ってくださったのです。

僕にとって七年ぶりの麻雀は散々な結果に終わりましたが、生身の内田さんは想像どおりおおらかで懐の深い、人を惹き付ける素敵な方で、一緒に楽しい時間を過ごせたことがうれしくてたまりませんでした。

この日から僕は内田さんを勝手ながら人生の「師」とさせてもらうことにしました。学校で習った訳でもないのに「内田先生」と自然に口にしてしまうオーラがあります。こんな出会いははじめてです。いつか自分もこんな大人になりたいと思いました。

麻雀を打ちながら驚いたのは、内田先生の口から「大学教授をリタイアしたら、合気道の道場を建てたいんだ」という言葉を聞いたときです（内田さんは合気道七段、多田塾甲南合気会の師範です）。僕は思わず「まだ事務所を開いたばかりですが、建築家ですからなんでもやります！」と声がうわずりながらも、立候補しました。

「でもいかんせん道場だから、光嶋くんがドイツで修行してきたことは役に立たないかもしれないよ」

「いやいや、そんなことはありません。美術館を設計したことがなくても、良い美術館を設計することはできますし、料理のできない人でも魅力的なキッチンをデザインできると僕は思っています。道場を設計したことはありませんが、必ず良い道場になるように精一杯頑張ります」

と必死で食らいつきました。

「じゃあ土地が決まったら何かアイディアを出してよ」と内田先生は気軽に言ってくれましたが、正直、自信なんてある訳ありません。でも憧れの人が目の前で「建築（道場）を建てたい」と口にする瞬間に居合わせるなんて、そうそう滅多にあるもんじゃないですから、ここでアピールしなくてどうする?! とがむしゃらに頑張ったのです。

それから二ヵ月後。ほんとうに依頼を受けることになり、心底びっくりしたところからこの建築の物語は始まります。

今になって思うこと【2】

僕は内田先生の御影(みかげ)にあるご自宅に足を踏み入れた時のことを今でも鮮明に覚えています。（のちに詳しく登場する）山本浩二画伯に連れられて、鉄筋コンクリートのマンションの扉を開けると、鴨居の低い玄関はたくさんの靴で埋まっていました。その日は、内田先生を囲んで月に一回麻雀を楽しむためだけに集まる「甲南麻雀連盟」という摩訶不思議な秘密結社（もう秘密じゃありませんが）の定例会でした。

麻雀というのは、じつに楽しい遊びで、四人で一緒に卓を囲むと面白いほどその人となりというものがわかるのです。僕は高校時代に寮生活をしていたこともあって、先輩の部屋でこっそり麻雀をやっていました。まぁ要するにカモられた訳ですが、麻雀という一見「運の良し悪し」だけで勝敗が決まるようなゲームにもかかわらず、麻雀をしながらたわいもない話を通して良いことも、悪いことも、先輩たちからいろいろ教わりました。

大学生になってからは、駅近くの雀荘に友人たちと通ったものです。大学一、二年の時は、比較的授業も少なく、しょっちゅう雀荘に繰り出しては、麻雀を楽しんでいました。大盛りのカレーを食べながら麻雀をしていると、やっぱりその人となりがごくごく自然と現れるというのは、先にも述べたように、運が良いと勝てるけど、運が悪くても「負けない」麻雀をすることができるということにその秘訣があるように思います。つまり、運が良いと「イケイケどんどん」で勝負に出るのですが、その分負ける可能性も上がります。逆に自分の運が悪いと相手が上がれないように自らの手を崩してでも、負けないことを手堅く選択することができるからです。すると、もちろん勝つこともないですが、大きく負けるというリスクを軽減することができるのです。この勝負に出るか、降りるか、というところに麻雀の妙があると言っても過言ではありません。つまり、その場の流れを読む力が必要になります。

内田先生は、凱風館ができるまでのお話を『ぼくの住まい論』（新潮社、二〇一二年）という本にまとめられました。そこには、はっきりと「光嶋くんの負けっぷりが良かった」と書かれてしまいました。負けた言い訳ではないのですが、内田先生とはじめてお会いした時の麻雀は、僕にとって大学三年生以来、およそ七年ぶりの麻雀でした。麻雀の勝負勘はもちろんのこと、そもそものルールさえ危うい状態での参戦でしたから、フリテンもしたし、役もなくチョンボもしたのでずいぶんと負けました。ただ、あの日の僕にとって麻雀の勝ち負けなんて、本当にどうでもよかった。ずっと好きで読んでいた本の著者である内田先生のご自宅に自分がいることの非現実性にとにかく圧倒されていました。麻雀をすることなんかよりも、先生のご自宅をキョロキョロと観察していたように思います。本棚にあったレヴィナスの本や、テレビの周りに重ねられたＤＶＤを見ながら、「ヘェ〜、内田先生ってこういう映画を見るのか〜」って感心していて、麻雀に関しては心ここに在らずといった具合だったように記憶しています。運の流れは僕にはきませんでした。

だから内田先生のマンションの扉を開けたらたくさんの靴が並んだ玄関を見て、どこか友達の家にでも遊びに来た感覚が芽生え、雀荘の自動卓ではなく、手積みでジャラジャラ麻雀をするのがとにかく楽しかった。初対面なのにすごくウェルカムされて、とてもあたたかい気持ちになりました。内田先生ご本人と会話している自分がどこか夢のようでもあった、そんな飛びっきり幸福なファーストコンタクトだったのです。

3「イメージは武家屋敷」

まさかの設計依頼を受けて十日後、僕は新幹線でふたたび神戸に向かいました。内田先生に奥様をご紹介いただき、ご挨拶。当時のお住まいから車で五分という近所にある新しい土地をさっそく案内してもらいます。

駅から歩いてすぐの南北に長い約八十五坪の区画。一九九五年の阪神・淡路大震災のあとに整備された、平らなまったくの更地(さらち)です。南側に八メートル幅の道路があり、他の三面には住宅が建っています。前面の道路に立って北を向くと、遠く六甲山を望むことができます。

四季の移り変わりを伝える山にしっかりと守られているようで、なんだか心がほっとしました。南には海人の神社である本住吉神社があり、その延長上には瀬戸内海が広がっています。南北に山と海がある肌触りの良い土地です。

ちょっぴり冷たい二月の風に吹かれながら、まだ見ぬ建築を想像してわくわくする敷地との初対面でした。

土地との対話の次はお施主さんとの対話です。

建築家の仕事は、クライアントがどんな家を建てたいと思っているのか、希望やイメージをヒアリングすることから始まります。このとき、先入観や常識をすて、自分を「乾いたスポンジ」のようにしてクライアントや土地と対話することを僕は心がけています。

いろんなファクターを考慮した上で、その敷地にはどのような建築がふさわしいのか、時間や予算、法律などの制約の中で考え、設計を進めていきます。

敷地を見たあとご自宅に戻り、内田先生がどんな家を建てたいとお考えなのかをじっくり伺いました。

内田先生がおっしゃるには、まず第一に八十畳ほどの合気道の道場が一階にほしいこと。子供から大人までが気持ちよく稽古できる、パブリックでオープンな場所にしたいこと。しかも、道場の一部にふだんは畳の下に隠れている三間四方（約五・四m×五・四m）の能の敷き舞台をつくりたいこと。

ついで二階の自宅には、研究・執筆という知的な仕事に集中できて、宴会や麻雀もできるセミパブリックな場所がほしいこと。一人でこもれる個室としての書斎は要らない、というのが来る者を拒まない器の大きい内田先生らしいところです。

そして、プライベートなエリアについては奥さんに任せる――というのが最初に伺った内田先生の構想でした。

能楽師として活躍されている奥様からは、能の小鼓のお稽古ができる和室と、使いやすいキッチン、それに収納を確保したい、というご要望がありました。

最後に内田先生は、「僕のイメージは昔の武家屋敷のような感じなんだよね」と付け加えられたのが印象に深く残りました。

しっかりとメモを取り、「一ヵ月ほど時間をください。第一案を提案させてもらいますので、気に入っていただけたら、正式にご依頼ください」とお伝えして、東京に戻りました。

はやる気持ちを抑えきれず、帰りの新幹線の中でさっそくスケッチブックをとりだします。道場を兼ねた住宅という珍しい組み合わせを、どうやってひとつの建築につくりあげていくのか。まず考えなくてはいけないのは「コンセプト」です。ピンと張った背筋のようにぶれないコンセプトがないと、緻密な設計作業は前に進みません。

住宅は住む人の「自我のメタファー（暗喩）」である、と僕は常々思っています。ですから、今回目指すのも「内田先生のような」建築です。

▲ まだ更地のままの敷地

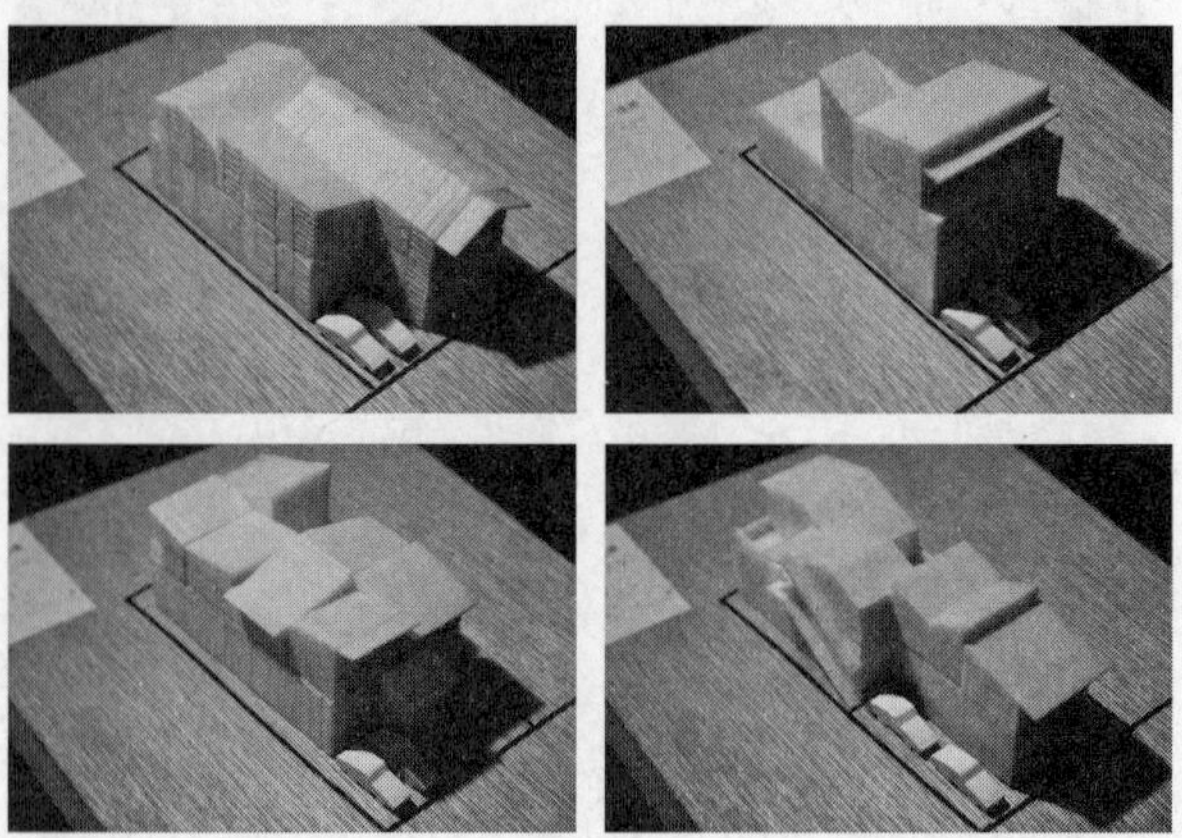

▲ 敷地に合わせて、いろいろな屋根のパターンを小さな模型で検討

ご存じのとおり、内田先生はとても多くの顔をもっています。フランス現代思想の研究者であり、大学教授（二〇一一年春に退任）であり、合気道の師範であり、人気ブログの主であり、数々の単行本の著者でもある。そうした変幻自在な顔をもつ内田先生が放つ強い磁力に引きつけられて、周りには多くの魅力的な方々が集ってきます。内田先生を中心に、そのメンバー同士がお互いに助け合うような大きな共同体が、自然発生的に形成されていきます。

そこでこの建築は、そんな内田先生の周りにいる方々みんな、みんなのための家として設計したいと考えました。

なにを隠そう、設計者である僕自身もこの「みんな」の一員なのです。建物が完成しても、先生とのおつきあいは続きます。まるで自分の家であるかのように僕はこの家にやってくるでしょう。建築家にとってクライアントとそのような関係を結べることは、とても幸福なことであります。

今になって思うこと【3】

凱風館が完成したのは、東日本大震災があった二〇一一年の秋です。その後、東北各地には震災復興の拠点として「みんなの家」がたくさんつくられましたが、僕が凱風館の物語を『みんなの家。』としてタイトルをつけて書いたことにおいては「顔が見える」ということが大事だとずっと思っていました。漠然と「みんな」と名付けてしまうのではなく、特定の人をイメージして建築をつくることはものすごくたいせつなこと。その時に大事になってくるのが「対話」です。建築家としての働き方を通して中高生に向けて本を書いて欲しいという依頼に対して『建築という対話』（ちくまプリマー新書、二〇一七年）という本を書かせてもらいましたが、やはり強度ある空間は、建築家とクライアントと職人（つくり手）との対話によって磨かれていくと信じています。設計もコミュニケーションです。ざっくばらんな会話からシビアな予算の話まで、建築家は耳を澄ませることでもって、世界をデザインすることができると思っています。そのためには、顔の見えるみんながそれぞれに対して敬意をもっていることが大前提となります。思い付きも含めて、しっかりと議論し合える関係を構築することで建築は着実につくり上げることができるのです。建築が集団的創造力であるのは、それ故です。

信頼関係を築きながら、まだ見ぬ「イメージ」を語らうことで、出来上がった空間に対する愛着が深まります。正直、内田先生から「武家屋敷みたい」と言われた時は（顔には出さないように心がけましたが）少し困惑していました。アメリカ生まれで帰国子女の僕にとって「武家屋敷」というイメージがすぐには頭に浮かばなかったからです。すぐに日本建築史の教科書などを漁ったことを覚えています。こういう「わからない」時こそ、他者への想像力を磨くチャンスだと思って必死に勉強しました。今になって思うのは、建築家として課題に直面すると、ほとんどの問題には「模範解答がない」ということ。受験勉強と違って、「正解があって、最短距離で合理的に解答することよりも、決まった正解のない問いを考え続けて、その時々に最良の暫定的な解答を見つけることは、結局のところ学び続ける姿勢が問われているのだと気付きました。わからないから、わかりたい。自分の身体感覚をフルに導入して、最もたいせつなことに応えられる準備をするということかもしれません。

昨年自分が出した答えは、今では違うかもしれないし、常に考え続けて、価値観が柔軟に変化し続けるから設計という仕事は、面白いのだと思うのです。

4 水晶のような家

では、その「みんなの家」に集まってくるのは、いったいどんな人たちでしょうか？　まず、一階の道場にやってくるのは、もちろん合気道に励むお弟子さんたちです。道場では年に数回、能の発表会も催されます。また、ここで内田先生は私塾も開くので、講義や対談を聞きにたくさんのお客さんが訪れるでしょう。時に合気道のお稽古をし、時に能を舞う。時に座布団と小さな机で勉強する。

つまり一階は、身体と知性の両方を育むためのトータルな学びの場です。

客間として機能する二階のスペースには合気道関係者や出版関係者、神戸女学院大学の同僚や学生たちにOB、OG、麻雀仲間まで、種々さまざまな人たちがやってきては、にぎやかな宴会が開かれます。

また、内田先生のご自宅でもありますから、当然ご家族や親戚のみなさんも訪ねてくることでしょう。

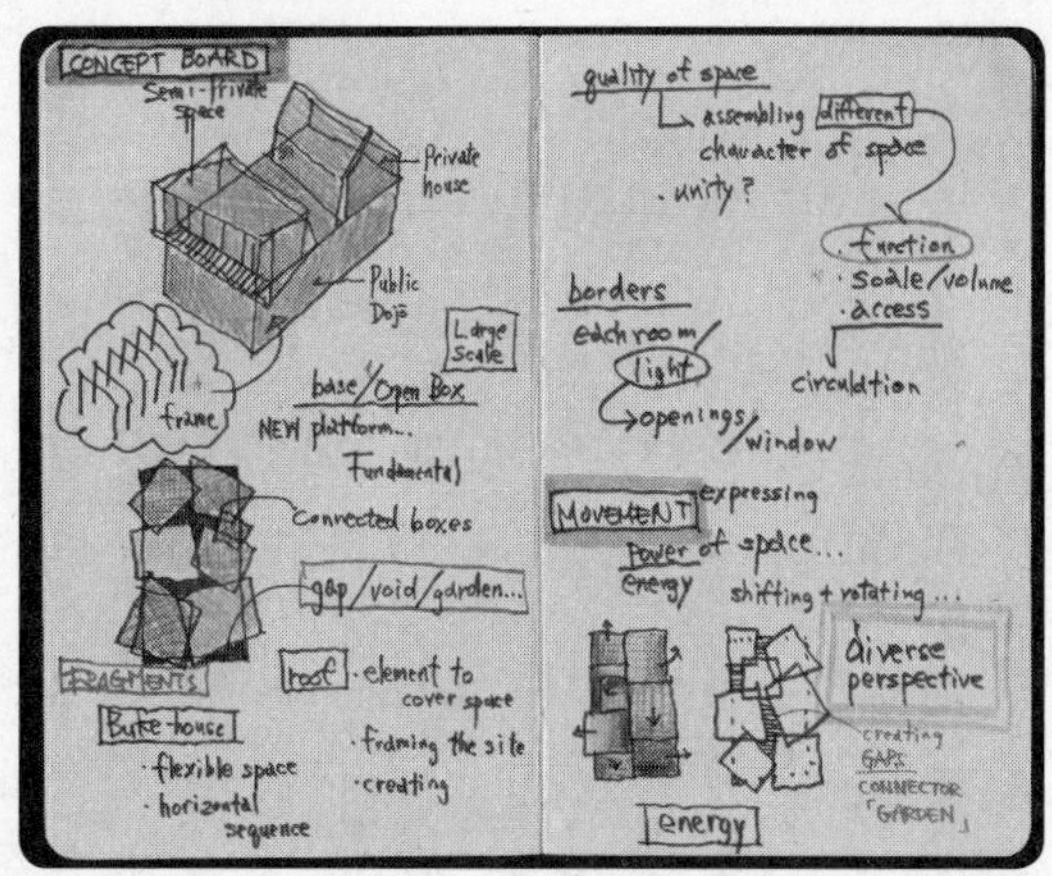

▲モレスキンのスケッチブックに描いたコンセプトボード

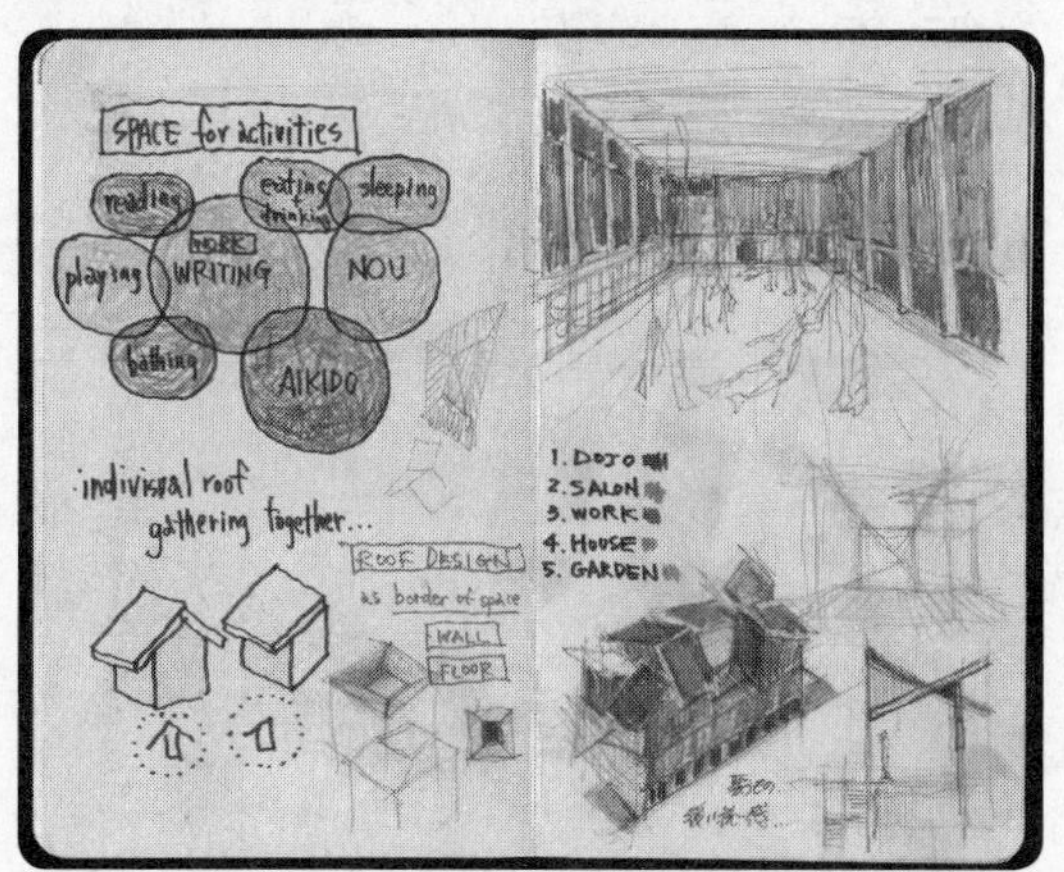

▲屋根の連なるイメージと道場内部のアイデア・スケッチ

ということは、この建物には、

1　外に向かって開かれているパブリックな空間（学びの場としての道場）

2　友人や仕事仲間、教え子など、さまざまな人が自由に出入りするセミパブリックな空間（サロンとしての客間）

3　ご自身の研究・執筆などの知的活動のための空間（仕事場としての書斎）

4　そしてご夫婦のプライベートな空間（生活の場としての家）

という、性格のちがう四つのスペースが必要です。

この四つが同じデザインのもとに統一され、大きな一つ屋根の下でかたまっているような建物にするのでは、うまくないなと直感しました。

これだけ多くの人が利用し、さまざまな営みが行われるのだから、例えば光り輝くクリスタル＝水晶のように数多くの面をもつ多面体のような建築としてつくれないだろうか？

もちろんそれは、実際に水晶のような形にするということではありません。これら四つのスペースそれぞれに形や大きさの異なる屋根を乗せ、その屋根たちが寄り添うように建つ家。そんなイメージが浮かぶと、アイディアがどんどん広がりはじめました。

たくさんの屋根が寄り集まっているとはいっても、密集していては心地よい環境になりませんから、ところどころにガーデン・テラスをつくって、光と風の通り道にします。この光と風に誘われるようにして、空間から空間へと、まるで街なかの路地を散歩するように家のなかを「みんな」が歩くのです。

天井は張らずに構造体の骨組みをそのまま見せて、屋根の姿かたちが室内にいてもわかるようにします。スペースごとに勾配や高さのちがう天井が連なることで、ダイナミックに変化する魅力的な室内風景が生まれます。

また、何をする場所と決まっていない「余白」、要するにムダなスペースや、光があまり届かない暗がりも意識的に埋め込んで、住む人がお気に入りの過ごし方を自由に発見できるように工夫しました。

例えばセミパブリック・スペースを一望できるロフトは、寝転がって本を読むのにきっと最適な隠れ場になるでしょうし、ガーデン・テラスに落ちる光は客間にも寝室にもゆたかな表情を与えてくれることでしょう。

どこに光が当たっても綺麗に反射するクリスタルのように豊かな表情をもち、訪れる人だれもが自分の居場所をみつけられるような、そんな家を僕は頭のなかに描いていました。

今になって思うこと【4】

僕が建築を学んだ早稲田大学は、多くの建築家を輩出してきました。石山修武（おさむ）先生からはご自身の自邸であり地下室が事務所だった《世田谷村》にて直接建築を叩き込まれましたが、実に多くの時間を直接石山さんと過ごしたにもかかわらず、今の僕は実際に石山さんと過ごした時間よりも、その後に自分で考えて「教えられた」と気づいたことの方が圧倒的に大きいように思います。いかにして、示唆に富んだ学びを受けようとも、その成果なり、わかったという実感らしきものは、いつだって事後的にやってくるということだと思うのです。その意味において、弟子は常に勝手に師から学び続けているのかもしれません。

旅に出て、スケッチをし、世界中の建築を見ながら感じたことは、帰国してから日々の仕事、あるいは日常の生活を通して学びへと変化するような、時間的奥行きがあるように感じています。その上で、僕にとって学生時代からずっと気になっていた建築家が早稲田大学で教鞭を執っていた吉阪隆正先生でした。吉阪先生は、僕が一歳だった一九八〇年に亡くなられているので残念ながら直接お会いすることはできませんでしたが、ヴェネチアにある《ビエンナーレ日本館》(一九五六年)や《ヴィラ・クック》(一九五七年)、《大学セミナーハウス》(一九六五年)といった作品は学生時代から訪れて、大いに刺激を受けました。しかし、最も深く突き刺さったのは、吉阪先生の「不連続統一体」という考え方です。

「不連続統一体の理論は、それ自身完結した要素(不連続体)が一定の結びつきをなすことによって、有機的につながり、全体としての統一(例えば、細胞が一定の結合方式をとることによって、一定の有機体を構成すること、或いは原子の一定の結合が一定の物質をつくること、或いは、天体の運行に観られる一見不連続である物体が関係しながら作り出している動的な秩序)のある宇宙空間の成り立ちを反映したものであり、それを住空間の新しい秩序づけに適用せんとして、生まれた考えである。」〈早大理工学研究所報告第12〉(一九五九年)

この言葉には、たいせつなことがたくさん散りばめられているように僕は思うのです。というのも、ある統一感というものは、表面的には美しく調和がとれているように見えても、どこか排他的な側面をもってしまい、それが更に不寛容な態度になっていく恐れがあると思うからです。単純な統一感による調和よりも、異物を取り込み、雑多なものが同居しているような寛容で複雑な空間性にこそ、生き生きした生活は宿ると僕は思っています。

不連続統一体という言葉は、もちろん学生時代から知っていましたが、たしかな手触りを持って僕の心の深いところで響くようになったのは、ベルリンという街に住むようになってからでした。なぜなら、このベルリンという街には、一筋縄には説明できない多様なモザイクのような表情があったからです。建築家として日本人の僕が働いていても、とてもウェルカムな感覚が街には溢れ、みんなが違っていて当たり前というか、それぞれに違いがあることが尊重されていることが街の器の大きさであるように感じられたことで「不連続統一体」ということを学び直すきっかけをくれたのです。ベルリンは、とても成熟した都市のように思えました。僕にとって凱風館が内田先生のように「クリスタルのような建築」であるというのは、まさに不連続統一体のことを言っているのです。

5　はじめてのプレゼン

そんなことをあれこれ考えながら図面を引き、模型を作っていると、一ヵ月などあっという間です。先生に最初のプランをお見せする日の前の晩は、徹夜をしてプレゼンテーション資料を事務所でまとめました。

コンセプトは同じでも、部屋の配置、動線計画や、窓やドアなど開口部のデザインが異なる三つの模型を選んで箱にしまい、ふたたび神戸へ向かいました。新幹線の中で何度もプレゼンを練習していると、緊張が高まっていきます。

ご自宅に着くとこたつに入り、白い模型をとり出して図面を見せます。内田先生はすぐさま模型を手に取って覗き込んでいました。その好奇心に満ちた反応と輝く瞳を見て、ほっとしたのを覚えています。

僕が練習どおりにプレゼンを始めようと第一声を発する前に、内田先生の方から「どうして屋根がこういう形をしているの？」と質問されました。

いくつもの家が連なっているような屋根をもつ建物全体の形が、興味を引いたようです。そこで、多彩な人たちが集う「みんなの家」として、この道場／住宅を設計したいこと、それをデザインの異なる屋根の組み合わせによって表現し、多様で開放的な建築として成り立たせたいと考えたことを説明しました。

そんな抽象的なコンセプトをまずはしっかりと理解してもらった上で、今度は具体的な部屋の用途や大きさ、配置、動線計画のプレゼンに移ります。

ここが道場の玄関で、こちらが二階の自宅に上がれるプライベートな玄関です、二階は手前が書斎で、いちばん奥にはお風呂や家事室があります、という具合に、図面と模型をつかって一つひとつ説明していきました。

内田先生からは即座に「これはいいね」「これはどうかなぁ？」と、はっきりとしたイエス／ノーが返ってきます。

模型写真ではわかりづらいかもしれませんが、A案はセミパブリック・スペースを中心に五つの屋根が連なるプラン、B案は各部屋を東側に配置して西側に廊下を配置したL字型、そしてC案では四面がガラスで囲まれた中庭をもうけ、道場の窓と壁を交互にリズミカルに配置しました。

ふむふむと頷いていた内田先生が反応したのは、C案の中庭でした。

▲C案のガラスの中庭があるセミパブリック・スペースのスケッチ

「この水槽みたいな、四方をガラスに囲まれた中庭のテラス、きっと綺麗だけど掃除はどうするの？　高さ二メートル以上もあるガラスが四面もあると、そうしょっちゅう窓ふきもできないし、きっと汚れてくるよね」

「でも先生、客間は天井も高くて、とても広い空間なので、いささか暗くなると思います。こういうトップライトをつくると、自然の変化を感じられる光が入ってくるのでよいと思うのですが、どうでしょうか？」と、僕は掃除の大変さよりも空間の魅力を訴えます。

「うぅ〜ん、言わんとすることはわかるんだけど、僕は毎日ここに生活するから、家事がしやすいというのは一番大切なの。建築家のアイディアはスペース・オリエンテッドなあまり、生活者の視点を軽視しがちだと思うな。せっかくだけど、この中庭テラスはやめて、何か別のアイディアを考えてください」

すごく明確な意志のもと、ガラス張りのガーデン・テラスの提案は、こうして却下されてしまいました。セミパブリック・スペースのあり方について考えなおすという宿題を与えられたのです。

そんなふうに勉強をさせてもらいつつも、全体的には僕のプランを気に入っていただけて、三案のいいところを折衷して進めていくことになりました。

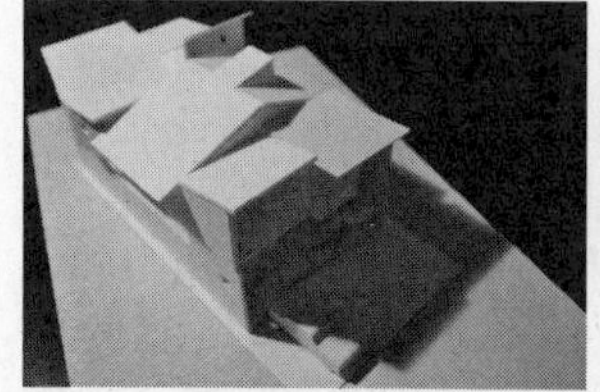

▲ A案の模型写真

▲ B案の模型写真

▲ C案の模型写真

このとき、内田先生のご自宅兼道場を設計する仕事が正式に決まりました。建築家一年生の初仕事。感無量とはまさにこのことです。

翌日、内田さんからふたたびメールが届きます。

おはようございます。内田樹です。たいへん素敵なプランで、漠然と道場&住居について考えていたことがいきなりかたちを取って可視化されて「ああ、こういう家が欲しかったんだ」と思いました。おもしろいですね。プランを見た後に、「前からこういうものが……」というふうに遡及的に記憶が構成されるのって。でも、一度見た後は、自分の脳の中に『もともと』こういうイメージがあったんだよなと思ってしまうのです。なんでも自分中心に考えてしまう人性の自然ではありますけれど、この「ジャストフィット感」は悪くないですね。

このメールを読みながら、僕は建築家冥利に尽きる最高の喜びを味わっていました。ジャストフィット感をたいせつにしよう。同時に、内田先生のためにも、またここを使われる合気道のお弟子さんをはじめ「みんな」のためにも、全力投球で良い建築をつくらなくては、と固く決意したのでした。

今になって思うこと【5】

まさに「はじめてのプレゼン」から内田先生との対話が本格的に始まりました。この時話題になったのは「お掃除」でした。やっぱり内田先生はとてもリアリストと言いますか、生活が身体と密着しているので、日常における掃除が一番気になったようです。

僕はどうしても空間の表情を優先してしまい、掃除よりも日々の生活にワクワクするような空間をつい目指すところがあり、それを理解してもらえるように丁寧に打ち合わせでの対話を重ねていきました。

お掃除に関していうと、僕はあらゆる物質は時間と共に朽ちていくものだと思っています。だから、時間が経って古びたものを悪だと決して思っていないということをお伝えしています。女性の方が「アンチエージング」のために特別なお化粧をすることがあるかもしれませんが、僕はその文脈でいうと、良い歳の取り方をする空間づくりを目指したいといつも心がけています。

自然体が美しいように、建築をつくるのもなるべく自然のものをそのまま使うことが良いと思っています。というのも、その空間で過ごす時間がその空間にゆっくりと定着していくと考えており、そうした経年変化は逆にそれぞれ魅力的だと思っている。時間という仕上げが空間に味わいを与えるからです。

そのためには、お掃除を含む「メンテナンス」という考え方をちゃんと理解してもらうことが重要になってきます。今ではお掃除ロボットなどもありますが、やっぱり自らの手を動かして建築に直に触れること、文字通り「手入れ」することがたいせつなのです。それは必ずや生活の記憶となって空間に定着していくことでしょう。究極的には、人が住まなくなった家が廃墟となってしまうのは、人がいない建築が単なる物質となってしまい、急速に自然に還ってしまうからです。住まい手の気配が抜けてしまう。住宅において人が豊かな生活を営むためには、常に空間を手入れし続けることが必須なのはそのためです。だからお掃除し易いことに越したことはありません。

実は凱風館において、反省している点の一つがこのお掃除に関わることです。道場の腰壁部分には横方向に五ミリ間隔の細かい溝の入った柿渋の塗られた杉材を張りました。意図したことは、約七十五畳という有限な広さをもつ道場が、水平方向に広がりをもって欲しいというものでした。大人の人が立って見た時の水平線の高さをイメージして採用したデザインですが、これは大変掃除が面倒ということで道友たちからはめっぽう不評です。年に二度の大掃除の際に、みんなが歯ブラシなどでコツコツとその細かい溝に溜まったホコリを掻き出している姿を見て、ああ、申し訳ない設計をしたなぁ、といつもちょっぴり肩身の狭い思いをしています。

6 フォルコラ——ヴェネチアでみつけた宝物

ここで建築の話をちょっとお休みして、イタリアでみつけた僕の大切な宝物のことを話してみたいと思います。

イタリアのなかでもヴェネチアという都市は特に好きな街で、何度も足を運びました。なぜそんなに惹き付けられるのでしょうか？ 洗濯物がひるがえる狭い路地の散歩の楽しさ。長方形ではなく少しすぼんだ台形をしたサンマルコ広場が生み出すダイナミックな視覚的効果の面白さ。時間を積層したように塗り重ねられたモルタルの壁、風情のあるドアや窓の豊かな表情。どれ一つとっても綺麗で印象的な街です。

しかし、この街の最大の魅力はなによりも、車が一台も存在しないということに尽きます。つまり街のなかを移動するためには、自分の脚で歩くか、運河を使うか、その二つしか方法がないんです。

そんなヴェネチアにはじめて行ったのは、学生時代にしたバックパックの旅でした。

▲雨のサンマルコ広場でスケッチ

その後、設計事務所に就職してベルリンに住むようになってからも、ミラノに親友が住んでいたことやビエンナーレが開催されることもあって、ヴェネチアには頻繁に訪れました。魅力的な街は繰り返し訪ねたくなるものです。

徒歩か運河と書きましたが、運河での移動手段は、水上バス（といっても普通のボートです）とあの有名なゴンドラしかありません。僕の旅はいつも一人旅なので、もっぱら一日券を買って水上バスで移動します。これまでゴンドラに乗ったことはただの一度もありません。

そんなゴンドラを見ていたら、ふとある物が目に留まり、その美しさに息をのみました。それがフォルコラです。

フォルコラとは、ゴンドラ乗りがオールをひっかけて漕ぐときに支点となる木製の道具。ゴンドラ乗りは自分専用のフォルコラをゴンドラに開けられた穴に差し込んで使い、仕事を終えたら抜いて持ち帰るのです。

彫刻のような造形が美しいそのフォルコラという物体にひと目惚れした僕は、家路につこうとしていたイタリア人のゴンドラ乗りに思い切って声をかけてみました。

「ボンジョールノ！　その右手に持っているものなぁに？」

「おう、これか。これはフォルコラっていうんだ」

「ビューティフルだね。それ、どこでつくってるの？」

「もちろんヴェネチアさ」

「その工房に連れてってもらっていい？」

「ああ、いいとも。帰り道だしね」


ボーダーシャツを着た小太りのゴンドラ乗りに連れられて、パウロという若い青年がやっている小さな工房にたどり着いたのは、陽の長い夏の日の夜でした。パウロはフォルコラに興味をもった日本人がおもしろかったらしく、丁寧にその造形について語ってくれました。

二つとしてまったく同じものはないこと。壊れたら直し、調整しながら大切に使い続けること。ゴンドラ乗りの「魂」であること。その複雑な造形は、全部で八種類もあるオールの漕ぎ方すべてをサポートする機能をもたせるためであること。

つまり、この造型の美しさは、前に進む、後ろに戻る、左右に旋回する、その場で止まっているなど、さまざまな漕ぎ方に即した合理的なデザインから生まれたものだったのです。工房を案内しながら、道具や木の特性について熱心に語ってくれたパウ

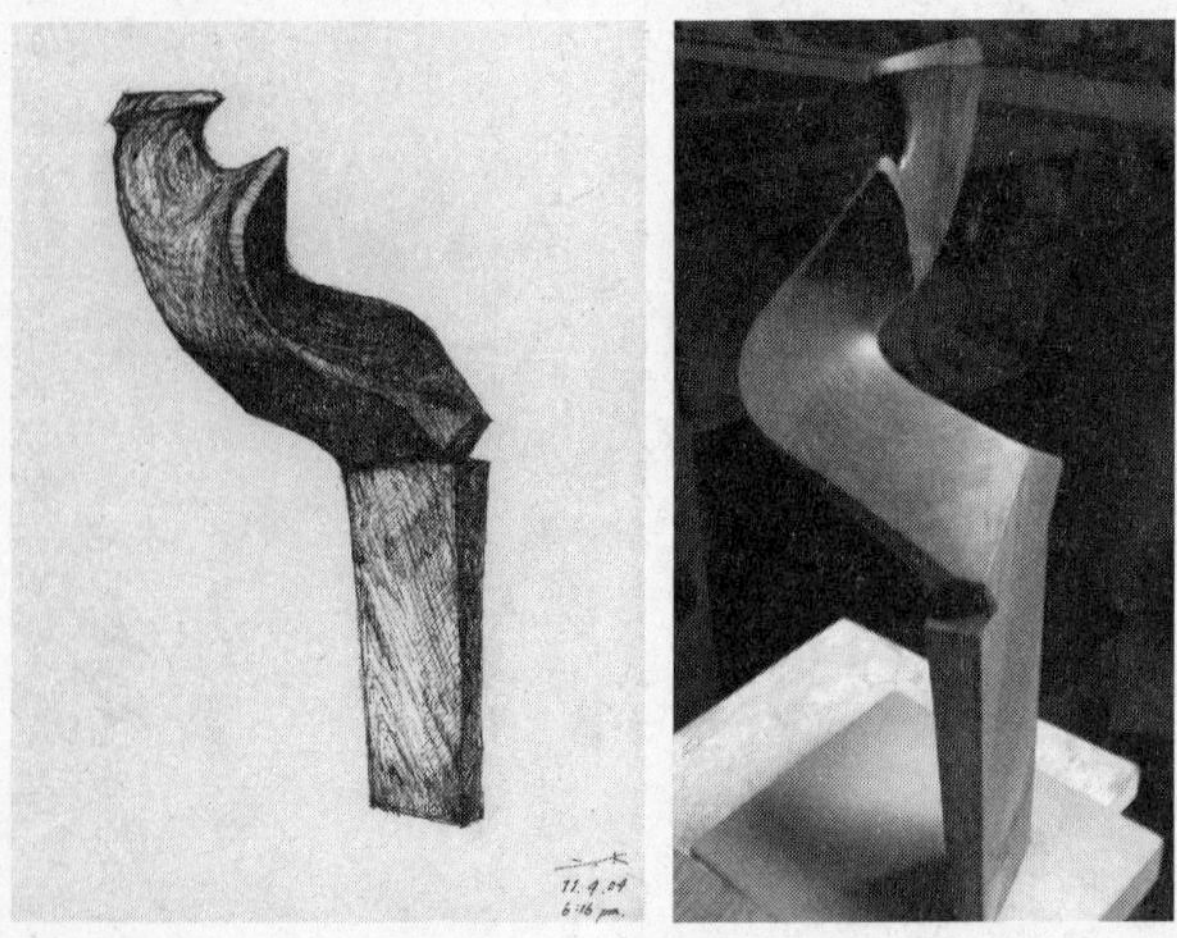

▲工房で描いたフォルコラのスケッチと写真

口には感動しました。そして、見る角度によってまったく印象の異なる魅力的なその物体を丹念にスケッチブックに描き込んだのです。

フォルコラと同じように、建築にもさまざまな要素があります。意匠や構造、機能、材料、予算、工期など多くのことが複雑に絡みあって一つの建物をつくり上げているのです。

建築家には、建物に必要な機能を満たすことだけでなく、その建築に込められた美学や思想について、できるかぎり客観的にわかりやすく施主や建築の使い手に伝えることが大切です。複雑な糸をほぐすように、多面的なものを分解して言葉で説明する――そうした対話によって建築設計の説明責任を可能なかぎり果たしたいと、僕は建築家として日頃から思っています。

ヴェネチアの小さな工房でフォルコラやオールをつくっている職人、パウロが僕に教えてくれたことは、まさにそんなつくり手としての誠意あふれる姿勢でした。パウロの工房には三日続けて通いました。木の香りがふんだんに漂う工房の雰囲気がものづくりの聖地のようで心地よく、パウロの作業を見学させてもらったり、フォルコラをスケッチしたりしました。

そして最終日には、つくりたてのフォルコラを思い切って購入したんです。初日に何気なく聞いた金額の半額以下にしてくれたので、僕の熱意、もしくは執念らしきものが彼にも伝わったのでしょう。

ずいぶん大胆なことをしましたが、いつか、このフォルコラのような建築をつくりたいと密かに思って手に入れた宝物は、事務所の真ん中にたいせつに飾ってあります。

今になって思うこと【6】

フォルコラの魅力は、何と言っても美しいということに尽きます。一目見たらすぐに心に訴えるものがありました。つい惚れてしまった。美に関わることは、説明する必要もなく、そのため言葉の壁もヒョイっと超えることができる。建築家としてフォルコラに惹かれる理由は、美しさを支えているその造形の根拠をパウロがしてくれたように、言語で明確に説明できるということにあると思っています。僕は設計者として、自らの設計する意図をできる限り説明可能であることを目指したいと思っています。というのも、感覚的にデザインを決定することは、得てして恣意的になりがちで、独りよがりのデザインに陥ることが多いように思うから怖いのです。ただ、だからと言って、すべてのことを数値的に白黒はっきり説明できるほど建築は単純明快ではないのもまた事実であり、その間でためらいながら考えているのが正直なところでしょうか。

凱風館が完成して合気道をやるようになり、僕にとって一番の変化は「見えないもの」に対するセンサーの感度が高くなったように自覚しています。そもそも合気道の「氣」というものは、見ることも、測ることもできません。数値化できないからこそ、想像力がたいせつな役割を果たします。こうした意識を拡張すること、つまり見えないものへと感覚を解放することには大きな可能性を感じています。

フォルコラの美しさが説明可能であるにもかかわらず、他方では説明されなくても美しく感じられるのも事実です。気持ちのいい空間は、説明不要であり、説明されたから気持ち良くなる訳ではありません。その一つの判断基準を僕は、子供だと思っています。子供たちは、全身をつかって自由に空間と対話しながら遊ぶからです。頭で考えすぎて頭でっかちになりがちな大人と違って、子供は身体で考えて、身体に忠実な反応をして行動するものです。ルールを共有してから遊ぶ大人と違って、子供たちは自分たちで遊びながらルールを発見し、つくっていくのであり、その素直さと柔軟性にはいつも驚かされています。

凱風館の道場は、僕の三歳の娘にとっては「走りまわれる場所」として認識されているようです。太陽の光が燦々と入って風通しのいい部屋では、何も言わなくても、子供たちは生き生きと走りまわるのです。いわば、この勝手に走りたくなるような空間をつくり出すためには、どうしたらいいのかを、僕は日々考えています。

心地良さは皮膚感覚によるところが大きい。掃除の行き届いた畳は、顔を擦り付けてもまったく問題ないほど、気持ちがいい。他者から教えられるのではなく、勝手にそうしてしまうような場所の力、空気の質みたいなもの、それこそが生命力を高めてくれるような空間のあり方のヒントなのかもしれません。フォルコラの美しさも、子供たちにとって走りまわれる空間の気持ち良さも、説明不要なもの。そうした容易に言語化できないものに子供のように素直に反応できる自由な身体感覚にこれからも自覚的でありたいのです。

7　命名『凱風館』

こうして「みんなの家」というコンセプトが決まり、建築家としてはじめての仕事がスタートしました。ただ、皆さんにお話しするにしても、この建物をひと言でどう呼べばいいのか、ちょっと困ります。これまでも「自宅兼道場」「みんなの家」「多面体の建築」と、いろいろな言い方をしてきましたが、なにしろこれだけ公共性の高い建築ですから、ちゃんとした名前があったほうがいい、とずっと思っていました。

建築家が名前を付けた建物には、これまでにもたくさんの例があります。たとえば建築家、東孝光氏が東京オリンピックのころ都内に建てた風情ある自邸は「塔の家」と呼ばれて、今もなお多くのひとに愛されています。ほかにも伊東豊雄氏の自邸「シルバーハット」、僕の師である石山さんの処女作「幻庵」という具合に、名前が付くだけで、人工物である建築とひととの距離がぐっと縮まり、自然と愛着が湧いてきます。

家族が暮らすだけの家であれば、施主の名字をとるのが定番ですから、「内田邸」とすればよいし、ローマ字の頭文字をとることもあります。じっさい僕も設計図面には「内田邸／道場」とか「U邸」などと書いていました。しかし、それではどこかそっけない。この建築が目指すのは個人住宅よりも大きな広がりをもったもののはず。僕はもっと自由な発想からの名前がほしかった。

建築家が建物を命名することも多いのですが、今回は親がわが子を名付けるように、施主が名前を与えるのがもっとも自然だと思い、内田先生に相談してみました。

「いつまでも『内田邸／道場』というのも困りますし、この建物に名前があるとよいのですが、何かいいアイディアはありませんか？」

「そうだね。漢字三文字で、古風なのがいいよね。何か考えとくよ」

はたしてどんな名前が挙がってくるのか、楽しみにして三週間が経ちました。その日は、武庫之荘にあるイタリアン・レストランで設計の打ち合わせでした。いつもどおり図面や模型を見ながらの相談を終えて、ルッコラのサラダを食べている最中に突然その時がきました。

「あっ、そうだ、名前を決めたよ。『がいふうかん』。『凱風館』って書くんだけど、『凱風』は昔の中国の言葉で、南から吹く初夏のそよ風のことでね。凱風に吹かれると草花のつぼみが開いて花が咲くって言われているの。硬い茨（いばら）の若芽を育む、かたくなな心を開く、という意味があるんだ」

そう聞きながら、僕は葛飾北斎が描いた『凱風快晴』の赤富士を思い浮かべていました。なんて素敵な名前だろう。響きもいいし、なによりその名前がもつ物語がしっくりきました。「つぼみを開花させる凱風」とは、この建築における活動の本質を見事に表しているではありませんか。

「学びの場」としての建築というコンセプトがしっかり伝わるネーミングだったので、すぐに親近感が湧きました。合気道を通して子供から大人までが身体の使い方を学び、能を通して伝統芸能や昔の人の身体運用を学び、また私塾を通して生きていくための思想を学ぶ。ここに集う人たちみんなが相互に関わりあっていく「学びの場」にふさわしい名前に嬉しくなりました。

この命名の瞬間を記念すべく、僕はモレスキンのスケッチブックをとり出し、内田

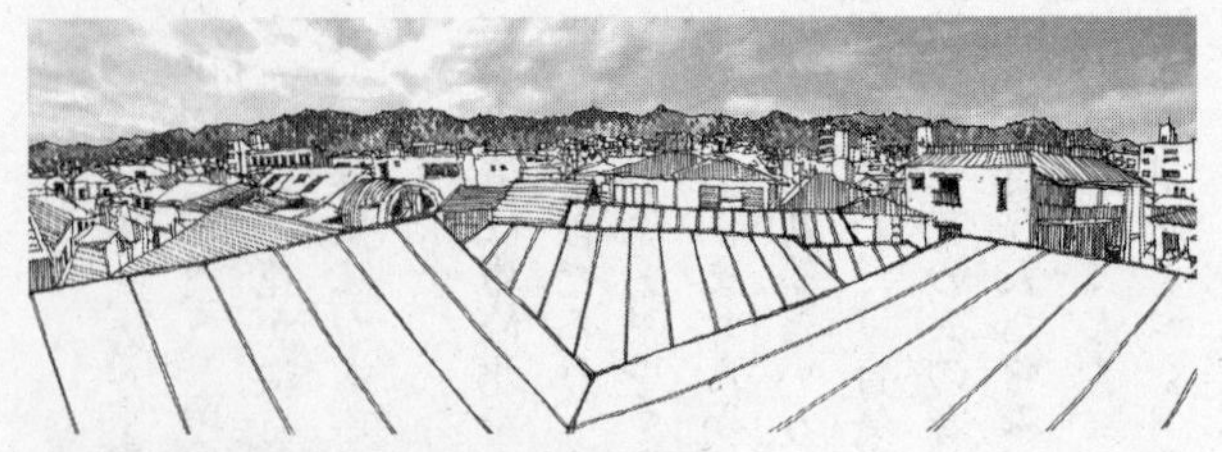

▲凱風館の屋根の上から見た六甲山の風景

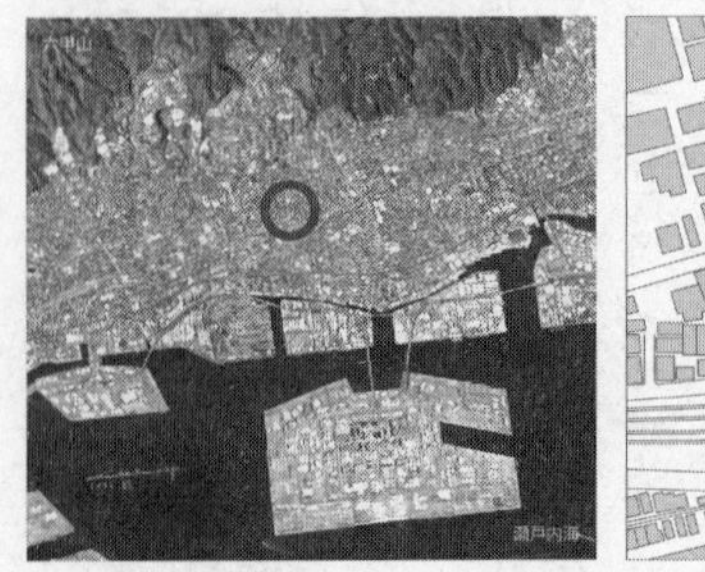

▲配置図 s:1/2000

▲空から敷地を見ると南に瀬戸内海、北には六甲山

先生に「凱風館」と書いてもらいました。

初夏になると、敷地には瀬戸内海から六甲山に向かって凱風が吹きます。心を落ち着かせてくれる清々しい風です。文豪の谷崎潤一郎が神戸東灘区に「鎖瀾閣（さくらんかく）」を築いたように、内田先生は「凱風館」を建てて、地域の人たちをはじめ多くの方々にどのような凱風を吹かせてくれるのでしょうか。

さて、ぶじに名前も決まったことですし、ここで改めて凱風館の中をご案内しましょう。

凱風館には南側に玄関が二つあります。向かって左手が自宅用で、エレベーターで直接二階に上がれるようになっています。右手の玄関は道場用で、シャワー室やトイレの備わった男女別の更衣室を経て、七十五畳の道場につながります。

この道場の畳をめくると、檜でできた能の敷き舞台が現れ、正面の壁の中からは屏風状の「老松（おいまつ）」の絵が出てきます。道場用の玄関の右手には階段があり、階段下は書生部屋として計画されています。

明るい日の光が入る階段をのぼって二階に上がると、まず書斎があり、多くの本が来客たちを迎えることになります。

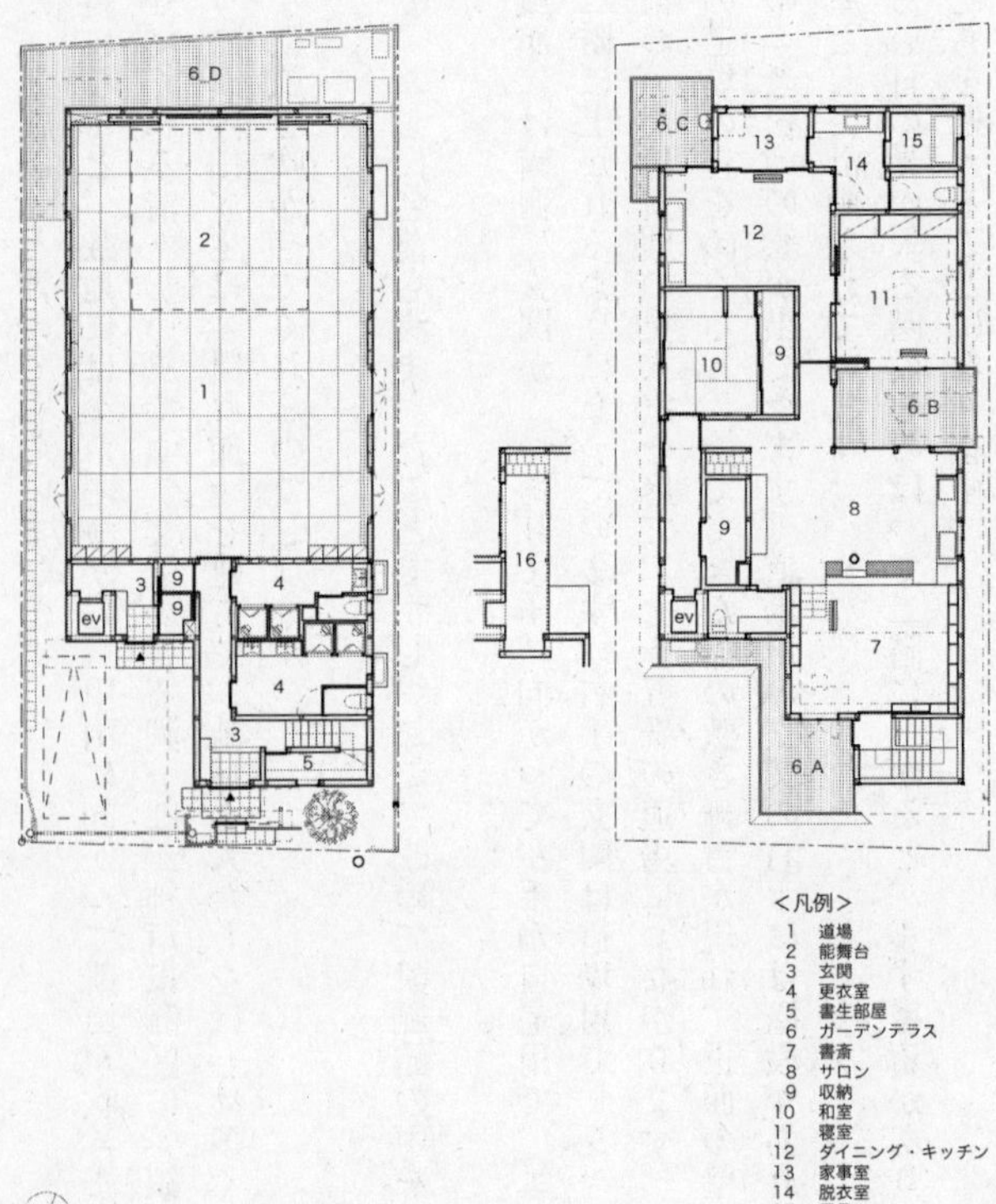
6_D
2
1
3
9
9
4
4
ev
3
5
16
6_C
13
14
15
12
11
10
9
6_B
8
9
ev
7
6_A
<凡例>
1　道場
2　能舞台
3　玄関
4　更衣室
5　書生部屋
6　ガーデンテラス
7　書斎
8　サロン
9　収納
10　和室
11　寝室
12　ダイニング・キッチン
13　家事室
14　脱衣室
15　風呂
16　ロフト

▲凱風館　1階／2階平面図

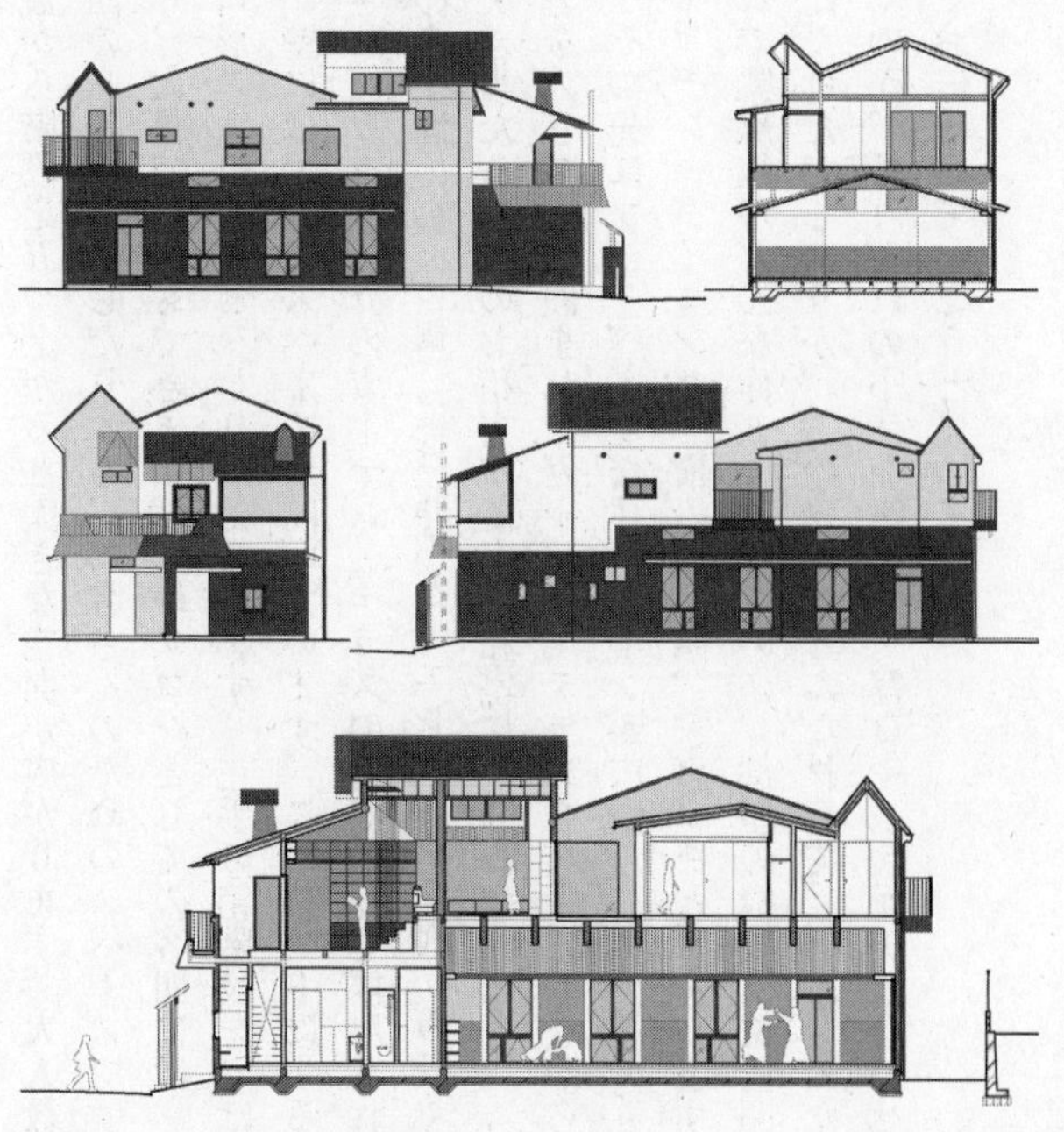

▲凱風館　立面図／断面図

書斎から階段を五つ上がると大きな空間が広がります。大人数で宴会をしたり、月に一回の麻雀大会をしたりする、お客さんのためのスペースです。冷蔵庫やキッチンもあり、大勢で料理もできます。このサロンとしての客間には、下から天井までを貫く八角形の大黒柱がどっしり構えています。左手の箱階段をのぼると細長いロフトがあり、壁にはニッチスペースが開いています。このロフトにするというアイディアは、却下されたガラス張りのガーデン・テラスの代案として採用されたものです。

この大空間の裏（西側）には収納と、エレベーター前から続く廊下があり、その廊下を突き当たると能のお稽古ができる和室になります。

三方をガラス窓に囲まれたガーデン・テラスを右手にしながら和室の脇の廊下を進むと、その先にプライベートな住居ゾーンが広がります。杉の丸太の棟木（むなぎ）がのった寝室やキッチン・ダイニング、檜のお風呂、家事室などがあります。

これで凱風館がどんな作りの建物なのか、部屋の構成と位置関係はおおよそおわかりいただけたでしょうか。この建物がどんな材料で、どんな人たちによって建てられていくのか、それぞれの小さな物語を、写真やスケッチと合わせて、このあとさらに詳しくお伝えしていこうと思います。

今になって思うこと【7】

名前を付けることは、とっても重要なこと。僕も親になって最初の仕事が娘の名前を考えることでした。親としての自覚が芽生えたのもこの命名の瞬間だったと言っても過言ではありません。今では建築に名前を与えることも建築を身近なものとして認識するためのたいせつな儀式のように感じています。

住宅というものは、完成したものを使用するものではなく、住まい手たちが住みながら育てるものなのです。それは、住宅という商品を買うというよりも、一緒につくり続けることである種の生命体のように変化すること、人と家が一緒に成長することが望ましいと考えています。そのためには、自らの身体感覚を総動員して、自分にとって心地よい状態を探るように、もしくはその場所でのパフォーマンスが向上するために、日々の変化に敏感に対応できる状態をつくり出すことが必要になってきます。その際に、人工的で単なる物質として建築をとらえるのではなく、空間との対話が自由に発動するための最初の扉こそ「愛着が湧く」ことだと思うのです。

愛着をもって接することで、建築が発するメッセージもより高い精度で感知するという双方向のコミュニケーションが成立する。凱風館もみんながお稽古の最初と最後にお掃除をします。単なる労働としての掃除というより、みんながどこか凱風館に「よろしくね」もしくは「ありがとね」と語りかけているような関わり方をしています。凱風館には、そうした総体としての人格のようなものがみんなの中に形成されていることで、外から凱風館を見た時にも安心感があったり、道場に入ると気持ちが落ち着きます。

道場の背になる北側の壁に開けられた窓からは、淡く優しい光が入ってきます。冬の夕暮れ時になると、ちょっぴり赤い光が白っぽい磨りガラスを通して、壁の色と美しく響き合う瞬間があります。窓が人肌色に光るのです。こうした光景は、お稽古の後に座って連想業をする際に僕の心を透明な状態にする手助けをしてくれているように感じています。もっとも遠くの小さな音に耳を澄ますように静かに集中していると、身体を整えてくれるような空間のこうした些細な変化に巡り合う幸せが訪れるのです。

8　建築家は指揮者

ベルリンのど真ん中にティアガルテンという森があり、そのなかにフィルハーモニー・ホールがひっそりと黄金色に輝いています。世界最高峰のオーケストラ、ベルリン・フィルの本拠地です。

設計したのはドイツ表現主義の建築家ハンス・シャローン。強面の顔をした建築家ですが、でき上がった内部空間は実にやさしくて表情豊かなうえに動きに満ちています。コンサート前にワインが飲める吹き抜けのホワイエも魅力的ですが、なんといってもホールの内部空間が素晴らしくて、ステージを囲むように三六〇度ぐるりと観客席が配置されています。

ホールの中が音楽で満たされてくると、音楽を聴くというより、音楽のなかに自分のからだがすっぽり入りこんだような感覚を覚えます。幸福にも音楽の丘に迷い込んだようです。

▲ポツダムセンターから見下ろしたフィルハーモニー・ホール

▲音楽家たちを囲むように配置された観客席が特徴的なフィルハーモニー・ホールの内観スケッチ

そんな空間の中心、ホールの文字通りど真ん中に指揮台があります。一般的なホールではステージと観客が向かい合うことで音楽にゆるい方向性が生まれますが、フィルハーモニーでは中央に位置するオーケストラを客席がぐるりと囲むので、一体感が生まれるんです。

シャローンも粋なことを考えたものですね。当時のベルリン・フィルを率いた生ける伝説、カラヤンの指揮ぶりをどう見せるかを考えてのことだと想像します。その指揮台の位置する屋根の上（つまりは建物の頂上）には象徴的な鷲らしき彫刻が載っています。

僕は四年弱のベルリン生活のなかで幾度となくこのフィルハーモニー・ホールに足を運びました。そして名演を聴くたびに指揮者たちに感銘を覚えました。実際に弦をこすり、マウスピースに息を吹きこんで、音を奏でるのは楽団員たちですが、楽譜の海から音楽という道なき道を導きだしてイメージを膨らませる指揮者の創造力に僕は深く感動します。

指揮者は譜面をとおして作曲家と対話しながら曲の世界を理解し、それを実際に音として奏でるべくプレーヤーたちを鼓舞して演奏を築きあげます。指揮者のタクトによってそれぞれの音が束ねられ、深く美しいハーモニーが生まれ、観客を音楽の森へと誘うのです。

音楽がオーケストラという共同体によって奏でられるように、建築もまた多くのメンバーの力が一つになって出来上がります。優等生だけが集まってもいいチームをつくれるわけではないように、いろいろな個性を持った人がぶつかりあいながらも、がっちりタッグを組んで一つのチームになって初めて、魅力ある建築は完成します。この凱風館という音楽を奏でるチームにも錚々たるプレーヤーが集まりました。ここでメンバー全員を簡単にご紹介しましょう。

まず、建物の柱や壁になる木材を提供してくださるのが、京都の美山町で林業を営む小林直人さん。

柱のない幅九メートル、奥行き十三・五メートルの道場をはじめ、建物全体の強度などを計算する構造設計をお任せしたのが金箱構造設計事務所の金箱先生。

外側の漆喰壁や内部の土壁をつくってくれるのは左官職の井上良夫さん。

玄関の敷き瓦や外構の瓦は、名カメラマンでもある淡路の「カワラマン」こと山田脩二さんの手によるもの。

カーテンなどはテキスタイル・デザイナー・コーディネーターの安東陽子さん。

道場に作る能の敷き舞台の背景画「老松（おいまつ）」を描くのは、内田先生の本の装幀なども手がけ、ミラノと神戸を拠点に創作する山本浩二画伯。

そして、建築全体の施工にあたるのが岐阜県加子母（かしも）村を本拠地として檜の山を守りながら、自然素材を使った家づくりを唱える中島工務店のみなさん。

これだけの方々を前にして、建築家一年生が生意気にもタクトを振るのですからびっくりです。しかし、相手をリスペクトする気持ちとともに熱意をもって伝えれば、できないことなどありません。

図面やスケッチ、言葉を通して対話を重ねることによって、建物のイメージをしっかり共有していくこと。その時に妥協しないこと。何時間でも話し合い、打ち合わせをすること。寸分違わずわかり合うのは難しいものですが、丹念にキャッチボールを重ねていけば、熱い思いはゆっくりとではあっても確実に伝わります。そして建築に関わるみんなと気持ちのいい関係が築かれていくのです。

そうした強い思いはできあがった空間にも必ず宿ります。数値で表せるものではありませんし、ましてやほかの建物と比較できるものでもありませんが、肌が感じるんです、愛のある空間は。

そう、「凱風館」は僕が初めてタクトを振る交響曲なのです。建築という音楽を豊かに奏でるべく、僕もマエストロへの階段を一歩ずつ踏み締めながら上っていこうと思います。

今でもとりわけ忘れられないシーンが浮かびます。フィルハーモニー・ホールで大汗をかきながらブラームスの交響曲を振る佐渡裕さんの躍動感あふれるコンサートには胸を強く打つものがありました。心や感情を超えて、からだに訴えかけてくる力強い音楽に心から感動しました。

建築家と指揮者はどこか似た職業なんじゃないかと考えるようになったのは、そのマエストロの大きな背中を見たときからなのです。

今になって思うこと【8】

「建築家は指揮者」ということを熱心に語っていますが、今になって考えてみると、建築家は指揮者であると同時に作曲家でもあるという風に少し感じ方が変わってきました。指揮者が集団的創造力を発揮するのに対して、作曲家は個人的な内的創造力を必要とする仕事です。

設計が難しいのは、この集団を束ねる力と、自己の内部に深く潜って創造する力の両方が求められることにあります。とても複雑なタスクを求められるわけですが、この二つの側面の架け橋となるのが「図面（譜面）」です。もっと言えば、図面になる前の「スケッチ」です。空間が生まれ出づる瞬間を想像しながらスケッチブックにあわいイメージを描き出す。頭で思考するというよりも、手で考える感覚で線を紡ぐのです。

手で考えるということが何なのかについて述べてみたい。同じペンで紙に描くスケッチでも、次の二種類のスケッチがあります。目の前にある建築や風景を描くインプットとしてのスケッチと、自分の頭の中にあるイメージを探り出すように描くアウトプットとしてのスケッチです。前者は旅に出て描くスケッチで、後者は設計のために描くスケッチという具合になります。

画家が名画を模写することと自分の作品を描くことと似ているのかもしれません。模写を通して先人たちの仕事を学び、制作を通して自分の描きたい世界を表現する。二種類のスケッチも、建築家の身体を通して具現化されることで、イメージは強度を獲得します。依頼主はもちろんのこと、職人さんにも伝わるためには、本質的な情報が明確にスケッチされていなければ役に立ちません。このメッセージの本質を見つけるためにスケッチを重ねるのです。

けれども設計のためのスケッチというのは、自分が何を表現したいのか、クリアカットに見えていることが思いの外少ない。ほとんどの場合において、スケッチしながら発見していく感覚が強い。モヤモヤした霧の中から薄っすらとシルエットが浮かび上がるようにして、手を動かすことで、線が引かれ、それによって自分でも想像していなかったものを描いてしまうのです。これだから面白い。ゴッホだってあらかじめ描きたいイメージが頭の中にはっきりあるのではなく描くという行為があったからこそ本人さえまだ知らなかった創造の種が芽吹いたのではないでしょうか。

スケッチに限らず、こうして文章を書いている時も、書きたいことはおぼろげであわい不確かなものとしてしか頭の中にはなく、実際は手探りでその本質的メッセージを削り出すのです。描くにしろ、書くにしろこの「アクションを起こす」という営みが、先に述べた内的創造力の核心だと思うに至りました。作曲家としての建築家は、こうして孤独と向き合い深層にダイブすることで自分の心と対話し、指揮者として集団と向き合い、それを束ねる強靭な個性を磨き、身体を鍛えて、エネルギーを蓄えなければなりません。

僕は凱風館で合気道を学び始めたことで、見えないものに対するセンサーに敏感になったとともに、なるべく対象に執着しないで、同化的に物事を捉えるように心がけています。するといかなる他人ともなめらかに対話が重ねられ、少しずつ納得のいく合意形成ができるようになったと感じています。作曲家的側面と指揮者的側面をスケッチという身体性を介して学び続けることが大地をじっくり耕すように「他者への想像力」を養ってくれるのだと思っています。

9　美山町・小林直人さんの杉

地元で育った森から伐（き）り出した木で自分の家をつくるというのは、ひと昔前まではごく一般的なことでした。地元で育て、地元で使う、まさに地産地消ですね。これが一番いいに決まっているんです。その木が育った同じ気候の中で建物に使われれば、木材は反ったり割れたりもせず、立派に家を支える柱や梁（はり）、床、屋根となってくれるからです。

ただ、天然の木材は自然のものですから、集成材とちがって、もちろんひび割れしたり、乾燥が甘いと反ったり、扱いづらい面もあります。しかし、熟練した技術で正しく扱えば、時間とともに味わいが出る丈夫な建材が木材だといえます。一四〇〇年以上前に建てられた奈良の法隆寺も、コンクリートや石造りではなく木造です。

また、豊かな木の香りが部屋の空気を和やかにしてくれますし、みっちりと目がつまった木材はなにより美しいものです。

凱風館は京都府南丹市美山町の杉の木をふんだんに使って建てます。ただの国産材ではありません。長い年月をかけて山で杉を育て、伐採した、その人の顔が見える木々を使うのです。ということは、家の柱や梁になっている木材がどんな山のどんな森から伐り出されたのかがわかるということです。

その人が小林直人さん、内田先生の古い友人です。

内田先生は直人さんのことを「哲学する木こり」と呼びます。学生時代に哲学を専攻していた直人さんが、いつでも思慮深い言葉を語られるからでしょう。直人さんは大学を卒業してから林学を学び、家業を継ぐために山間の集落・美山町に移り、三十年以上に渡って杉を中心とした林業を営んでいます。

今では珍しい茅葺き屋根の家に、奥さまの節子さんと二人でお住まいです。目の前には田んぼが三枚あり、自分たちの食すお米を自分たちでつくる自給自足の生活を送っています。

内田先生は、神戸女学院大学に職を得たばかりで、娘さんがまだ幼かった二十年前から直人さんとの交友を続けています。いまも毎年五月のゴールデン・ウィークになると必ず美山町に出かけて、直人さんと山を歩き、山菜の天ぷらを楽しむことを恒例

▲京都・美山町にある茅葺き屋根の家に住む小林直人さんとご家族

▲凱風館の構造材に使う杉が伐られた美山町の山

の行事にしているのです。年に一度の大事なルーティーン。神戸で多忙なシティ・ライフを送る内田先生にとって、日本の里山の景色を代表するような美山町の美しい山並みと川の流れは、大きな安らぎを与えてきたのではないでしょうか。

内田先生にお誘いいただいて、僕も二〇一〇年からゴールデン・ウィークを小林ファミリーと一緒に美山町で過ごすようになりました。透きとおるような水と美味しい空気、みずみずしい新緑。時間がゆっくり流れ、心持ちが和やかになるような場所です。

山で摘んだばかりのタラの芽やコシアブラといった山菜をその場で揚げてもらい、美味しい天ぷらにみんなで舌鼓を打つ。本当に大地のエネルギーをそっくりそのままいただいているということが実感できるような美味しさです。そんな楽しい時間はあっという間に過ぎていきます。

直人さんと節子さんには、はじめて美山町を訪れた時から大変あたたかく迎え入れてもらいました。小林家の食卓は、どこか小津安二郎監督の映画に出てくるような郷愁の雰囲気があります。まるで息子のように僕と接してくださるので、自分の故郷にいるかのように落ち着くのです。

凱風館では、その直人さんが丹精を込めて育てて管理している杉を使っています。

▲客間サロンの屋根の棟木に杉の丸太をイメージしたスケッチ

道場を始め、建物の柱はすべて美山町の杉です。柱と柱を結ぶ梁(はり)や屋根を組む木材にも使っています。

屋根の要として一番高いところに位置する材料を「棟木(むなぎ)」と言いますが、そこには美山町の杉の皮だけを剝(は)いだ丸太のまま使って、部屋の中から見上げると、立派な丸太が家の象徴に見えるように設計しました。

いまの多くの木造の家は、平らな天井を張ってしまうため、屋根裏に収納スペースを作ったり、空調機のダクトを収めたりはできますが、建物の構造体が見えません。でも僕は、屋根と同じ勾配に天井を仕上げることにして、建築を構成する部材を室内側にも存分に見せることを意識しました。なぜなら美山の杉が、天井で隠してしまうにはもったいないくらいのとても立派な木材だからです。

棟木には丸太を使う、と書きましたが、一口に丸太と言っても、一本の木を建物で使用できる部材としての丸太にするまでにはいろいろな工夫が必要です。

まず、「背割り」といって、丸太の中心に向かって一本筋の切り込みを入れる必要があります。背割りを入れることで内部からの乾燥を促すのです。また、皮をむいた状態がそっくりそのまま仕上げになるので、丁寧に皮をむく必要があります。そんな手間暇をかけてやっと、大地に根付いた木々に、建築の部材としての新たな命が吹き込まれるのです。

自分でも皮むきにトライしてみたのですが、この皮むき一つとっても試行錯誤の連続です。最初に美山町で手斧（ちょうな）を使って皮を剝いでみましたが、丸太が水分を含みすぎていて上手くいきませんでした。どうしても表面にささくれのようなものが残ってしまうのです。

そこで今度は、岐阜の工場で乾燥機に入れて含水率を下げてから、再度電気ガンナで少しずつ丸太をむいていきました。二十センチほどの円形のくりぬきを連続させて丹念に削っていき（固さがぜんぜん違いますが、喩えて言うならアイスクリームを丸くスクープですくい取るような感覚です）、クリスタルのような光と影が生じるようにイメージしました。

すると木の年輪がとっても綺麗に等高線のように現れて、実に複雑で味わいのある表情を出してくれます。職人の技による納得の仕上がりです。

その丸太のどの面をどちらに向けて、どこに使うのか？

それを考えながら、家の中を人が動くにつれて場所ごとに多彩な表情が生まれるように、つまり、見る場所によって異なる存在感を丸太が発揮するように工夫しました。

そんな杉の丸太が凱風館の二階の屋根の棟木などに架かっているのです。

▲美山で挑戦した手斧（チョウナ）での最初の皮むき（左）と背割りの様子（右）

▲乾燥した後に丸太を再度削り出すと、美しい年輪が現れる

今になって思うこと【9】

直人さんによって伐採され、電気ガンナで皮をむかれた美山の杉がデコボコした「多彩な表情」を見せるのは、太陽の光の効果です。空間に降り注ぐ太陽の光は、日々刻々と変化します。季節によっても太陽高度が違い、光がまさに風景に色を与えているのです。

僕が建築家として素材を選ぶのにたいせつにしているポイントが、この光をどのようにして受け止めることができるかということ。素材がツルッとしていると、光沢のある静寂な印象を与え、表面がデコボコしていると美しい光の陰影をつくり出すことができる。

建築空間に太陽の光を取り込むのは、一般的には窓になります。窓のない地下室は、一日中、いや一年中同じ人工照明の光の下では、空間に一切の動き（変化）がありません。しかし、太陽光が差し込む窓があると、内部空間は多様な輝きを放つことができる。この光は視覚的な美しさにおいては、窓が大きい方が透明感もあって良いのですが、環境学的には窓の断熱性能が壁よりも低いため、夏の暑さと冬の寒さに対する工夫をしなければならない。室内に直射日光が入ると猫は気持ちよく日向ぼっこするかもしれませんが、真夏には暑過ぎていくら冷房をしても効かなくなってしまいます。そのために窓の大きさや場所、庇の有無が重要になってくるのです。

例えば、凱風館の棟木の杉と大黒柱の檜では「仕上げ方」を変えています。光を受け止めるようなデコボコした杉の棟木に対して、大黒柱は六角形に製材しました。そして部屋の明るさに対しても、設計時には却下されてしまったトップライトのアイディアも、生活してみるとサロンの空間が少し暗かったので、竣工後三年目にして屋根にトップライトを二つ開けることになりました。電動の遮蔽カーテンのある新しいトップライトのおかげで、サロンにいると青空が綺麗に見えるようになりました。そして、大黒柱の左右に開けられたことで、六角形の柱に多様な光が降り注がれて、ささやかな季節の声が感知できるようになりました。

内田先生より「武家屋敷のような空間」と言われた時に、どこか暗いイメージをもって設計を進めましたが、いざ生活してみるとちょっと暗過ぎたようで、トップライトの追加工事となったのですが、サロンの空間は見違えるように変化しました。

内田先生からサロンの「キッチン手前で珈琲を飲むのが好きだ」ということを伺

ったことがあります。空間にそうした表情を与えるのは、自然の恵み、まさに光なのです。

そうした光を存分に受けとめて、直人さんの杉は日々凱風館で静かに呼吸しています。陽を浴びて光合成していた樹木は、建築となってまた違ったあり方で光と交わり合うことで生き続けています。

10 国産の木で家を建てるということ

京都の美山町で山と一緒に生活している小林直人さんは、いつも天気のことを気にかけています。自然の脅威を知っているからこそ、天候の変化に細心の注意を払って仕事をしているのでしょう。

直人さんは、凱風館の設計がはじまる前の二〇〇九年十二月に樹齢八十年ほどの杉を伐採し、丸太のまま山に放置して自然乾燥させていました。半年後の二〇一〇年五月に丸太を山から出して、工場で製材した後、太陽の光で天然乾燥をさせました。

綺麗に伐り出された部材を、ちゃんと風が通るように隙間をつくりながら積み重ねて、さらに一年近くをかけて材木の水分を抜いていきます。ずっしり重い木材も乾燥が進むにつれて軽くなっていきます。そうやって初夏に製材し、乾燥を始めた木材を、直人さんは冬の間もずっと管理します。雨や雪が降ればブルーシートをかけて守り、晴れたらシートを外して日光に木材をさらす。

手塩にかけて杉を手入れすることは、八十年という長い時間を生きてきた杉への感謝の気持ちからくるものだと想像します。じつに頭の下がる丁寧な仕事ぶりです。

小林さん一家と食卓を囲んで日本酒の杯を交わしているとき、直人さんは、山に入って林業家として生きていくことの難しさについて語ってくれました。美山町の美しい風景とは裏腹に、日本の林業が壊滅的な状態にあると言うのです。

杉の苗木を山に植える。一年に数ミリほど年輪が太くなり、大地に根を広げながら木はゆっくりと生長していく。その生長ぶりを見守りながら間引きをしたり、枝を揃えたりと手を入れる。それからタイミングを見計らって伐採し、丸太を天然乾燥させてから製材所まで下ろして、加工した後に材木として買ってもらう。

こうした何段階もの工程を経てやっと、杉は自然の大木から建物で使用可能な材料へと変わります。しかし、昨今こうした工程を経て木材を出荷することが難しくなっている、と小林さんは語ります。

国産木材の価格が下がり続けていて、山に入って間伐するにしても、林野庁からの補助金に頼らざるをえないほどだそうです。この値崩れは、それはもう大変なことになっているんです。外国から安い輸入材が入ってきたことや、住宅に使われる建材が変化した（和室が激減し、床柱などの製造が減った）ことによってそもそも木材を多く使

▲京都・美山町の厳しい冬。
雪に埋もれる小林邸

▲厳しい冬の間も雪の中で杉を管理する小林直人さん

▲製材された後、風通しのよい場所で天然乾燥される美山の杉（2010年5月頃）

▲小林家の前の田んぼ。守っていきたい日本の美しい風景

わなくなったこと、などがあって、国産材は建築の市場で急速に競争力を失ってしまいました。

ひと昔前は一本一万円だったものが今では三〇〇〇円ほどになってしまっている、と直人さんは言います。これでは木を伐採し、製材するだけでも赤字になってしまう。直人さんの同業者の多くは、廃業していったそうです。その結果、日本中で多くの山が放置され荒れていくという負の連鎖に陥ります。

このままでいいはずがありません。直人さんのようにフロントラインでいまだに踏ん張っている人たちに、健全にお金が流れるようにしないといけない。美山でじっさいに小林さんの仕事ぶりを見て、僕は強くそう感じました。

日本は国土の半分以上が山という島国です。豊かな日本の風景は、先代から伝わる自然とつき合う知恵の中から生まれ、培われたものです。直人さん曰く、吉野林業などには、世界でも希有な森の技術の叡智が結晶しているそうです。つまり一次産業に携わる方々の汗と努力の蓄積があってこそ、日本の多様な自然は守られてきました。

それなのに、値段が安いというだけで諸外国からの輸入木材を大量に消費していたら、ますます日本の林業と森林を衰弱させてしまいます。日本の森林の発育量と伐採量のバランスが需要と供給のバランスと共に崩れることによって、サステナブル（持続可能）な環境をつくることができなくなってしまっているのです。

直人さんの仕事からそんな林業の実情を知った内田先生は、いつのことだったか、「自分が将来家を建てることになったら美山の杉を使うからね」という固い約束を直人さんと交わしました。内田先生はいつでも有言実行。凱風館の設計がスタートした当初から「建物の構造は木造」ということに決まっていたんです。

凱風館でいくらふんだんに杉を使うといっても、たった一軒だけですから、日本の林業にとっては「焼け石に水」だという人もいるかもしれません。それでも、国産材をたくさん使うことが最初の小さな一歩だと思います。そのような想いを、この「凱風館」がお施主さんや施工者へ、建築界全体へと伝えていき、国産材の需要が増えていくきっかけになれば、と心より願っています。

直人さんの育てた美山町の杉は、凱風館の柱や梁、棟木として新たな人生を送っていきます。そこには小林さんの想いとともに、山の気配が深く息づいているのです。生きた木は木材となっても人間と同じように呼吸しているのですから。

今になって思うこと【10】

自然と上手に付き合うには「待つこと」がたいせつであると直人さんが僕に教えてくれたことがあります。山と生活するということは、山の恵みをいただくのと同時に四六時中危険と隣り合わせであることを意味します。自然は人間の思い通りにならないことばかり。その時に、何事も予定調和で合理性を追求するだけでは自然と付き合うのは難しい。だからこそ待つことがたいせつになってくるのだと思います。

待つことは、時間の無駄であり、不合理であるように思われがちです。しかし、それはすべてが交換で成立する都市の論理であって、実のところは、この待つことでしか発動しない、合理性とは別の新しい無目的な発見があるように思います。

些細な喩えで恐縮ですが、僕は学生時代からずっとアップル社のコンピューターを使ってきました。当然ですがパソコンを買い替えるたびにその性能は向上し、起動するスピードが急速に上がりました。昔の iMac は、スタートボタンを押してからぐるぐるとリンゴマークの周りで時計が回転し、画面が立ち上がるまでに時間がかかったものです。今のものは、ボタンを押したら比較的すぐにデスクトップが起動するため、便利になりました。作業もスピーディーに捗ります。でも、僕は時々あの起動するまでの数十秒の時間が恋しくなることがあるのです。というのも、あのぐるぐる回る時間は、あれこれとこれからの作業について夢想するとてもクリエイティブな時間だったように思えるから。つまり、パソコンが使える状態になるまで待つことは、頭の準備運動だったのです。

待つことは、自分では制御できないもの、あるいはわからないものに対して受け身であることで、思考を少しだけ空っぽの開放状態にする役割があるのではないでしょうか。これは時間感覚と深く関係します。現代において、僕たちは予定が埋まっていないと不安に感じるように、何事も費用対効果といった合理性の枠組みに囚われがちです。つまり、時間に対してとても忙しない、窮屈な付き合い方をしていないでしょうか。直人さんと過ごす時間は、そうした何ものにも自由に、なすがままに受け止める寛大さがあります。自然と対峙するということは、そういうことを意味しており、そうした建築の素材に対する物語を住まい手が共有することで、心の余裕みたいなものがゆっくり生まれると感じています。僕は少なくとも、パソコンが起動するまでの時間くらいはゆとりをもって楽しむあり方を実践していきたい。

11 施工者は中島工務店に決定

ベルリンの裏通りには小さくて魅力的な飲食店がたくさんあって、どの店に入ろうか、よく迷います。友人からのお勧め情報もレストラン・ガイドもない時は、自分の嗅覚だけを頼りに店選びをするしかありません。ふらっと入ったお店が極上の料理や飲み物を提供してくれたときの喜びは格別です。凱風館を実際に建ててくれる施工者を決めるときも、旅先でナイスなレストランを直感的に見つけた時に似た感覚があったのを覚えています。

はじめてのプレゼン以来、内田先生夫妻との打ち合わせは月一回のペースで続きました。毎月新しい模型を制作し、図面とスケッチであらゆる可能性を検討していきます。室内の壁が斜めになっている案を出して、「これが美術館なら劇的な空間でいいかもしれないけど、日常の生活を送る家では、直角でまっすぐな壁が良いな。そのほうが自分のいる場所が今どこなのか、という自分を定位させる感覚が有効になる」といったコメントをもらったこともあります。

こうして少しずつ建築家とお施主さんとのあいだでプランがまとまってくると、次は、この建物を実際に建ててもらう工務店を決める、という課題が浮上してきます。凱風館に関しては、多くの先輩建築家や先生方から信頼できる建設会社を紹介していただきました。木造建築がしっかりとつくれることや会社の規模などを考慮し、見積りに参加してほしい、と声をかけた建設会社は四社。作成した図面一式をもとに、一ヵ月弱をかけて見積書を作成してもらいます。

各社それぞれに、土台（基礎）、屋根、天井、壁、柱、さらにはネジ一本から窓やドアはもちろんのこと、キッチンやトイレといった設備器具や外部の植栽に至るまで、すべてのコストを洗いだして、工事にかかる材料費や人件費を計算し、最終工事費をはじき出すのです。工事を進めるうえで必要な工程表も提出してもらいます。

はたしてどんな数字が上がってくるのか、すごく緊張しながら見積書が届くのを待ちました。なんだか通知簿をもらう小学生のような心持ちです。

そして締め切りきっかりの当日、分厚い茶封筒が四つ、ドサッと事務所に届きました。ドキドキしながら開封すると、そこにはぎっしり数字が書かれた見積明細書が入っています。はじめに各社の総工費を確認し、驚きました。最初の見積りではよくあ

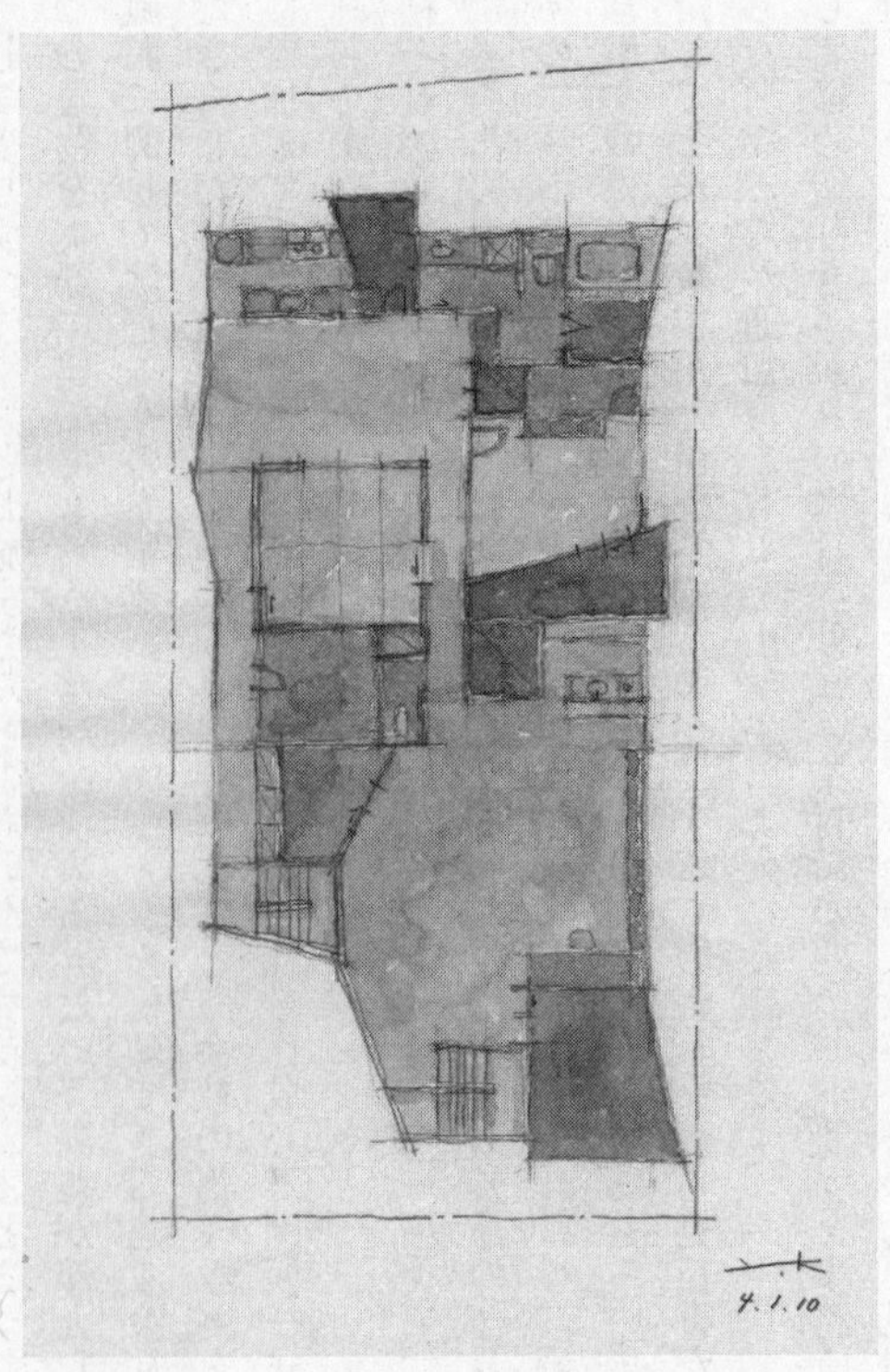

▲斜めの壁を多用することで空間の動きを表現したものの、内田さんに却下された提案の平面図

るように、予算をオーバーしていたのはともかく、一社を除く三社の数字がものすごく近かったのです。

もっと数字がばらけていれば、判断しやすかったのですが、いかんせん数字が似ていたので一〇〇ページ以上もの見積書をそれぞれ細かく比較検討していく日々が続くことになりました。基礎工事／木工事／ガラス工事／内外仕上げ／照明・電気工事／設備機器／家具／外構植栽／諸経費……とリストは続きます。

お施主さんの予算内で成り立つようにコントロールすることも、建築家の大切な仕事です。各社の見積書とにらめっこしながら、値下げできそうな項目や、必要な材料の数が多めに計上されている箇所を蛍光ペンでマークしていくうちに、予算内に収まる方向を示せる手応えもやっとつかめてきました。

そんな中、内田先生との打ち合わせの日が近づいてきます。四社の見積りに対する分析結果を僕なりに順位づけして準備しました。打ち合わせの当日、見積りの結果を報告する僕の説明もほどほどに、なんと内田先生は「この檜の家づくりをしている中島工務店にしよう」と即決してしまいました。

見積りを比較検討したすえに、木造建築を得意とする中島工務店が一番いいと、じつは僕も思っていましたが、内田先生は事前にお渡しした四社の会社案内を見た時点で直感的に「ここがいい！」と思っていたというのです。きっと人生で最大のお買い物でしょうに、その鋭敏な感覚と潔さには驚かされました。

この中島工務店につないでくれたのは、じつはミサワホームのAプロジェクト主催によるトークイベントを企画してくださった建築プロデューサーの大島滋さんです。「日本のすまい」をテーマに、内田先生や建築史家の五十嵐太郎さんとイベントをご一緒させていただいたおかげで生まれたご縁だと思うと、不思議なものです。

こうして、岐阜県加子母村を本拠とし、木造建築の技術に定評のある中島工務店の神戸支店に凱風館を施工してもらうことになりました。

一つの建築が完成するには、この施工者とお施主さん、建築家のトライアングルがしっかりと対話を重ねてがっちりとタッグを組むことがたいせつです。

そして、このさき中島工務店と仕事を進めていくなかで、街中でふと素敵なレストランを発見したときのように、感謝の気持ちと幸福感でいっぱいになる瞬間を何度も味わうことになるのですが、このときが、その嬉しい出逢いの始まりでした。

今になって思うこと【11】

今にして思えば、やっぱり内田先生が中島工務店を施工者として即決したのには、驚きを隠せません。人生最大の買い物でもあるこの施工者選定というプレッシャーのかかる状況において、迷わずに決断されたことにこそ、内田先生の武道家である所以を強く感じます。

というのも、先生が合気道のお稽古中に道場でよくおっしゃることの一つに「しかるべき時（機）に、しかるべき場所（座）で、しかるべきことを果たす」という武道のたいせつな心得があります。分厚い見積書を詳細に比較検討した訳でもなく、各社の案内パンフレットを見ただけで直感的に判断できたのは、内田先生がその時の「機」と「座」に対して素直に反応したからだと思うのです。この断定する力に僕は驚きました。たしかな責任と覚悟があるからです。そもそも施工者選定の前に、設計者としてこの仕事を僕に依頼してくれたことも麻雀の負けっぷりからでしたし、一度「お願いする」と決めたら自らの判断について悩むことなく、正しい選択であると覚悟と責任を持って断定すること。これがプロジェクトを遂行する上でどれほど大きな力となったか、計り知れません。

メンバーが増えれば増えるほど、チームというのは束ねることが難しくなっていきます。互いに確認することが多くなり、電話やメールが増え、何事も確認を繰り返しながら共通認識を形成していかないと大変なミスを犯してしまうかもしれない。そのためには、チームの構成員がみんな同じ方向を向いていることが大事になり、信頼を築くためには、発注者が言葉や態度で示してくれることの果たす役割は大きい。

そうした敬意が内田先生と僕の間には始めからあったから、背中を強く押してもらっているようでずいぶん勇気づけられました。中島工務店の皆さんとも、ずっと互いに敬意をもって働くことで強い信頼が日に日に築かれていったように感じています。どんなに困難な局面であったとしても、最後までしっかりとチームが一丸となって建築をつくることができたように思うからです。そんな最高の仲間、つまり同志と巡り会えたことに深く感謝しています。

12　加子母（かしも）村から檜の家づくり

東京と神戸を線で結ぶとちょうど真ん中にあるのが岐阜県の加子母村だそうです（現在は中津川市に併合されています）。まさに日本のへそです。日本列島の中心に位置するため、東日本と西日本の気候や文化がぶつかり、複雑で多様な生態系をつくり上げています。

そんな豊かな自然に囲まれた加子母村を本拠にする中島工務店は、二代目の中島紀（のり）于（お）社長に率いられてグイグイ成長しています。名前こそ工務店ですが、これがびっくり仰天、なんでもつくる会社なんです。

山を管理し、木を伐って、製材するのはもちろんのこと、家具をつくったり、プレカット工場をもち、集成材も自分たちでつくってしまいます。土木的な仕事を受注すると、自分たちで生コン工場をつくってしまうのですから驚きです。

現代の家づくりが高度に分業化しているなかで、中島工務店は自分たちですべてを

▲森を案内する中島紀于（のりお）社長

▲プレカット工場でつくられた道場の集成材の梁

請け負えるだけの技術と人材を育てて、「多能工チーム」をつくることで会社の規模と職域を拡張していきました。手がけている建築も住宅にとどまらず、学校や寺社、能舞台といった公共建築までオールマイティーなのが中島工務店の特徴です。

凱風館の工事が始まった初夏、中島社長に招待されて、内田先生と一緒に加子母村を訪れました。作り手である中島工務店の本拠地をこの目で実際に見て体験することは、これから工事を進めていく上でもたいせつだと思ったからです。

中島工務店の管理する山のすぐ隣には、伊勢神宮の式年遷宮の際に伐り出される樹齢四〇〇年の檜を育てる「木曾ヒノキ備林」があります。特別な許可をもらってその神聖な森のなかも案内してもらいました。そこには多くの巨木が凛とした姿で佇んでいます。その偉大な自然の力に太古の時間を感じて圧倒されました。新鮮な空気が美味しく、コンクリート・ジャングルでの都市生活の疲れが吹っ飛んで、癒される思いで林のなかを歩き回っていました。

加子母村では、強烈な自然を体験させてもらいましたが、もっとも驚かされたのは中島紀于社長ご本人です。バイタリティーに溢れ、加子母村でこの人を知らない人はいないのではないかというほど、町中では多くの方々に声をかけるわ、かけられるわで大忙しです。

▲加子母村に広がる山に囲まれた田園風景

▲工場の機械で丸太が製材されていく

▲木曽山脈、中央（奥）が神宮備林

▲第62回神宮式年遷宮の御神木（内宮）と樹齢1000年のヒノキ

それもこれも底抜けに明るく、おおらかな中島社長のお人柄でしょう。声も大きく、ご飯の食べ方も豪快。ライスは大盛り、早飯食いです。とにかくつねにエネルギッシュに動き回り、あげくの果てにどこでも寝てしまう。凄まじい生命力の持ち主です。

ただ単に元気いっぱいで友達が多いだけの社長じゃありません。絶対にぶれない信念をもって家づくりに取り組んでいます。愛着を持って長く住んでもらえる、国産材による家づくりを提唱し、加子母村の住人を雇用して、自給自足生活ができる共同体づくりを実践しているのです。

そのために、クライアントの満足と同時に、その家のつくり手である職人さんの一人ひとりが豊かな生活が送れることをつねに考えているんです。

これは実は大変なことです。林業家の小林直人さんの章でも言いましたが、現在の家づくりにおいて国産材は壊滅的な状況にあります。外国からの輸入材が安く流通するようになったため、国産材の値崩れが起き、すっかり敬遠されるようになってしまいました。

でも中島社長は、我々は生き延びなくてはならないという強い危機感をもち、加子母村の人を必死に束ねて檜の家づくりをひたむきに進めてきました。

社長の強い想いは、建築にとどまらず、地域の物産品を流通させるための農園や市場もつくって事業展開をしていることにも表れています。過疎と高齢化問題を抱える地域が生き残っていく可能性を笑顔で模索し続けているのです。

二〇一一年三月の東日本大震災を受けて、中島社長はついに「電気の要らない生活」を訴えるまでに至りました。いっさい電気を使わないという極端なことではなく、今こそ自身の生活のなかで電気を見つめ直すよいチャンスだと捉えたのだと思います。都市と比べると、田舎に住むということは、自然との直接的な関わりが大きく、生活の質にも大きな違いが生まれます。まずは単純に朝早く起きて、夜は早く寝ることからはじめる。次に、熱を管理するために電気を使うのは効率が悪いので、エアコンは使わない。寒い時には重ね着をし、暑い時には薄着をする。家そのものもしっかり断熱し、夏場は日光を遮蔽しながら風を通して快適に過ごす。

社長はご自分の子供時代から比べると、夏の最高気温も冬の最低気温も数度上がったと強い危機感をもっています。この気候の異変を軽視してはいけない。各々が今できる最大限のことをしていくためにも、まずは意識を高めることがたいせつだという、社長からの強いメッセージだと僕は受け止めました。

さて、凱風館はそんな中島工務店の神戸支店の人たちによってつくられています。

大工さんなど多くの職人さんたちが加子母村から来てくれました。中島社長の願う、加子母村のなかでの自給自足という理想があるからこそ、自然の恵みである檜による家づくりに邁進できるのです。

なによりも技術の継承に重きを置き、同時に新しい技術を取り込むことに対してもオープンであること。この姿勢こそが現代を生き抜くための鍵だと直感し、国産材へのこだわりとプライドを持って職人さんたちは日々汗をかきながら仕事をしています。凱風館の工事では、防火規制上の問題で、外壁仕上げが焼き杉から左官に変わりました。その時も中島工務店が、舞子公園での旧武藤山治邸移築保存工事など文化財を保存する工事に実績のある井上さんという素晴らしい職人さんと一緒に土壁をつくることを提案してくれたのです。内部の仕上げに急な変更があったときにも迅速に対応してくれます。本棚やベンチ、階段など家具的なものまで、じつにリーズナブルなコストで、精度の高い素晴らしいものをつくってくれました。

このように高い水準でトータルな家づくりが可能なのは、オープンな感性をもった、多能工集団だからこそできることです。良い建築をつくることはもちろんですが、中島工務店の強みは、加子母村の自然維持と、職人さんたちの生活基盤を支える共同体の形成と発展を意識の中心にすえて働いているため、責任ある仕事を全員が着実に進めているということです。

魅力ある建築は、施主＝施工者＝設計者が三位一体となったトライアングルから生まれます。それを支えているのは、決して契約書などではなく、「みんなで良いものをつくるんだ」というチーム内の意識の共有であり、まさに情熱（パッション）です。

中島工務店とはこの先九ヵ月間にわたって、きめ細かな対話を重ねながら、みんなで大切にバトンを繋いでいくように、しっかりと共通認識をもって気持ちのいい仕事をしていくことになります。現場にはいつも気持ちのいい、楽しい空気が流れていました。いつまでも終わってほしくないと願いたくなるほどでした。

気が早いかもしれませんが、僕は必ずやいつかまた、中島工務店とタッグを組みたいと思っています。

今になって思うこと【12】

気が早いもなにも、凱風館竣工から八年経った今もなお、僕は中島工務店とタッグを組ませてもらっています。大変有難いことに仕事が途切れることなく関西で六軒、関東で四軒、中部地方でも一軒といった具合に、多くの建築を一緒につくらせてもらいました。魅力ある建築をつくるには、息の合った仲間が欠かせません。毎回新しいクライアントで、新しい敷地に対して、常に新しい建築の豊かさを追求するためには、経験を重ねる毎に阿吽の呼吸が生まれることがあります。それは、はじめての工務店では、ちょっと不可能なことだと思います。この阿吽の呼吸というのは、先の情熱(パッション)を共有するところから始まるので、職人さんの方から「この壁と天井の納まりはこうしませんか?」とか「こっちの壁の仕上げは、ちょっと変化をつけてこうしてみてもおもしろいかもしれませんね?」という風に常に「もっといい空間をつくるための努力」を惜しまないということだと感じています。

どんな仕事にも常に学びの種があるものです。その可能性の種を発見し、栄養を与えることで美しい花を咲かせることができるのです。そのためには、予算が少ないとか、工期が短いとか、現場における制約という壁を乗り越えなければならない。その壁は、いつだって僕たちの前に高くそびえ立ちます。けれども、諦めないで考え続けることで、小さな突破口が見つかることがあるのです。この探求する姿勢が阿吽の呼吸となって現れるのだと思います。

建築は、集団的創造力の賜物なのです。僕は自ら現場で率先して未知なる可能性を示すことで、職人さんたちにも情熱を共有してもらい、予測不能な化学反応を楽しむようにして生き物のような建築と向き合っています。そのためには、やっぱり健全な好奇心をもち続けることと、それぞれの異なる多様な価値観を認めた上で、みんなが「まだ誰も見たことのない新しいもの」が少しでもつくられるように行動することがたいせつになってきます。プロジェクトを重ねることで、繰り返しによる安易な妥協に陥ることなく、常にその人、その時、その場所のための最高の空間を思考することの土台につくる喜びを共有するチームのメンバーがもつ「阿吽の呼吸」があると確信しています。

13　凱風館、出発——快晴の地鎮祭

二〇一一年二月三日、空は雲ひとつない快晴。遠くには六甲山のシルエットがくっきり見えます。

今日は待ちに待った地鎮祭。厄払いをして土地の神様に工事の安全を祈願する、凱風館の大切な門出です。

現場に着くと、中島工務店のみなさんがすでに準備に取りかかっていて、井上左官職が朝四時に起きて採ってきた竹の葉を、祭壇のテントの周りに手際よく縛り付けています。紅白の幕も張られ、祭壇にはお供え物が並んでいます。ただの空き地だったがらんどうの風景が、いよいよ賑やかなハレの舞台に変わっていきます。

杭で止めたロープによって建物の外形がプロットされたことで、凱風館の大きさがおおまかに体感できます。敷地に対して建ぺい率六〇パーセントの建築は、図面で見るよりもはるかに小さく感じられました。

▲左から「刈初の儀」「鍬入の儀」「穿初の儀」の図

▲神主様による四隅のお清め

きっと何もない敷地では、隣の建物たちが圧倒的なスケール感で迫ってくるため、ロープで示されただけの、まだ存在しない建築はどうしても強いコントラストで小さく感じてしまうのでしょう。

このスケール感を少しでもからだで感じとろうと、敷地をうろうろ歩いているうちに、みるみる沢山の人が現場に集まってきます。

岐阜県から中島工務店の中島紀于社長が見えたのでご挨拶。次に雑誌の取材が二件、編集者さんやカメラマンとも軽く打ち合わせ。甲南合気会と甲南麻雀連盟の会員の方々も立派なお神酒を手にしてやってくるではありませんか。銀行の担当者にまで来ていただき、総勢二十名強の参列者がスタンバイ。

こんな華やかな地鎮祭ってあるでしょうか。最後に主役のおふたり、黒いロングコートをまとった内田先生と奥さまが登場。僕にとってははじめての地鎮祭は、こうして幕を開けました。

北向きの祭壇を前にして、神主様のお言葉から地鎮祭がスタート。僕は終始目を閉じたまま、たった今自分が立っている大地に同化しながら、「無事、秋に建築が完成しますように」と強く願っていました。目をつぶっていたせいか、脳裏に浮かんだのは六甲山の風景でした。阪急電車に乗っているといつも見える、あの綺麗な風景。

「大丈夫だよ」と励ましてくれているかのような優しい言葉が、六甲山からそっと聴こえてくるようでした。

そんな高揚した暖かい気持ちに包まれていると、すぐに自分の出番がやってきました。「刈初（かりそめ）の儀」です。

緊張する暇もなく、鎌を渡された僕はゆっくりと三歩前に出て、笹の刺さった目の前の砂山をにらみます。片膝をついてしっかりと左手で笹を握り、大声で「エイッ、エイッ、エイッ」。三度目の「エイッ」と同時に笹を引き抜きます。この砂山の笹を抜くことが建物を計画する行為のメタファーとなるのです。

場の厳粛な空気をくずすことなく、無事に役目を果たせたようです。建物を大地の上に建てる設計の仕事を、紙の上にスケッチしたり図面を引いたりするのとは違う次元で体感した、短い瞬間でした。

続けて施主の内田先生による「鍬入（くわいれ）の儀」。僕なんかが師範に対して「さすが合気道家」などと褒めたりしたらかえって失礼ですが、内田先生はじつに凛々しい姿で「エイ、エイ、エイ」と鍬で山を崩します。内田先生にとってもはじめての地鎮祭。キリッとした空気の中、定位置に戻ります。

神主様が土地の神様にお供え物をしたあと、最後は施工者である中島紀于社長による「穿初(うがちぞめ)の儀」です。こちらは百戦錬磨。たいへん堂々とした「エイ、エイ、エイ」の掛け声とともに、砂山の中にお供え物を埋めこみます。

最後に「玉串奉奠(たまぐしほうてん)の儀」。参列者が一人ずつ神前に玉串を奉り拝礼します。玉串とは樫(かし)の枝に紙垂(しで)をつけたもので、時計回りに回転させて祭壇にお供えするものです。

それから全員で杯を交わし、敷地の四方にもお酒とお米をお供えして地鎮祭を終えます。お施主さんが土地を購入した後に建築家が建物を設計し、建設会社が工事を施工して、一つの建築が完成します。その一連の流れを、砂山を敷地に見立てて再現し、神様の前で礼拝するという大切な節目の行事を、晴天のもとで沢山の参列者とともに迎えられたことは、なにより嬉しいことでした。

ここから長い工事の旅のはじまり。多くのみなさまに見守られながら凱風館という船は、ついに港をゆっくりと出たのです。

▲地鎮祭を無事終えて、みんなで集合。パシャ

今になって思うこと【13】

本文で僕はなんだか冷静を装って、人生はじめての地鎮祭について書いていますが、今にして思えば、本当は何をどのようにしたら良いか右も左もわからず、けっこう緊張していたように記憶しています。「刈初の儀」のタイミング、玉串をどっち向きに回転したらいいのか、二礼二拍手一礼……。頭は真っ白でしたが、段取りよく地鎮祭ができるかということより、とにもかくにも、内田先生と中島工務店のみんなとこの日を迎えられたことが心の底から嬉しかった。感無量というやつです。ふつふつと心のなかから喜びが込み上げてきました。仕事をしているんだという実感。ついに建築家になったんだという実感。それは、自分一人では決して感じることのできない類のもの。これからできる凱風館のまだ見ぬ姿に、ワクワクドキドキする清々しい気持ちでした。

人生初というのは、文字通り人生に一度しか味わえません。三歳になる僕の娘は、日々多くの「人生初」を体験していますが、凱風館の地鎮祭は、僕にとって人生はじめてだったので鮮明な記憶としてはっきりと刻まれています。内田先生の顔に浮かぶ笑みも、地面に張られた白いテープを見て小さいなぁと思ったことも、遠くの六甲山のおおらかな表情も。だから、その後の地鎮祭では、この凱風館での地鎮祭が頭の片隅にフラッシュバックすることがしばしばあります。建築家一年生だった初々しさを忘れたくないのかもしれません。

地鎮祭は、野球の試合前にチームでエンジンを組む感じになんとなく似ています。「エイ、エイ、オー」って掛け声もちょっと似ていますが、何よりチームが結束する儀式を通して、自分は一人じゃないということを知る。だから僕はみんなのおかげで建築をつくることができるんだ、という感謝の気持ちが自然と芽生え、丁寧に建築と向き合いたいと思えるのです。今でこそ、刈初の儀の「エイ、エイ、エイ」の声もずいぶん大きくなりましたが、凱風館出航は、そうした初心を忘れずにいるためのたいせつな記憶のワンシーンとして、僕のなかに深く刻まれています。

14 ポルトガルで巨匠と逢う

ここでまた凱風館から離れて、ポルトガルでの幸せな体験を一つ。

僕が勤めていたベルリンの設計事務所では、インターンシップの外国人学生がたくさん働いていました。彼らの多くは僕と同じくドイツ語を苦手とし、英語で仕事をします。

当時コンペ（建築設計の競技）のチームにいた僕は、同じチームのインターン生たちとずいぶん仲良くなりました。彼らは、学生といっても、スタッフとして働く僕よりも年上だったりします。ヨーロッパの大学は入学するより卒業するほうが難しいうえ、日本のように新卒ではなくてもいつでも就職できるので、いろんなことに好奇心をもって勉強しているうちに、年齢が上がってくるのです。

そのぶん成熟した学生が多く、うちの事務所にも大変優秀な学生が多くの国から集まってきていました。フランス、イタリア、英国、スペイン、デンマーク、フィンランド、ポルトガル、ギリシャ……。僕が親しくなったのは、なぜか北欧やポルトガル、ギリシャのようなヨーロッパの周縁の国の学生たちでした。

辺境国の人々には中心にある大国がもつ傲慢さがなく、劣等感と背中合わせの自国のプライドが垣間見えるあたりに、僕は親近感をもちます。そして、半年間のインターンを終えてそれぞれの国に帰っていく彼らをたよって、僕は休暇をとるごとに旅に出ました。

あるときの行き先はポルトガル第二の都市、ポルトでした。元インターンのジョアンナという仲の良かった友人と再会を果たし、彼女にあちこち連れて行ってもらいました。

建国の地・コインブラやエッフェル塔の設計で一躍有名になったエッフェルの弟子たちが設計した橋がかかるドウロ川のほとりを散策しながら宝石のような町並みを眺め、夜はバカリャオという魚の郷土料理と美味しいワインに舌鼓を打つ。黒く光る石畳の坂道が印象的なポルトの街を満喫しました。

なかでも楽しみにしていたのが、ポルトガルにモダニズム建築を開花させた建築家アルヴァロ・シザの建築探訪です。ストレートでシンプルな白い王道のモダニズム建築ではなく、地域の風土や伝統に根付いた独特な感性にもとづいてシザの建築は設計されています。それはポルトの町並み同様、静止した目で見るだけではその魅力は簡単に実感できません。じっさいに空間のなかを歩いてみると、その動きにつれて変化していくシークエンス（連続する景色）がすごく豊かな建築なんです。ですから、シザの建築は写真に収めづらい形態をしています。

とある日曜日。これぞまさにシザが地元のポルトで設計したセラルヴィッシュ美術館を観に行きました。これぞまさにシザ建築の真骨頂。ひと目見ただけではわからないものの、美術館の中を散策するように歩き回っていると、刻々と建ち現れる美しくも主張しすぎない控えめな空間に心が浄化されるようでした。あくまで主役は展示されている芸術作品そのものなのです。

そぎ落とされたなかにある豊かな美学を堪能していたら、ふとシザ本人に逢いたくなりました。そんな思いに駆られたのは、学生時代の一人旅の途中、スイスでピーター・ズントーに逢いに行ったとき（事務所まで行ったものの本人には逢えませんでした）以来のこと。

圧倒的な空間に出くわすと、僕は「こんな空間をつくり出してしまう建築家は一体どんな人なんだろう」と居ても立ってもいられなくなってしまう性分なのです。シザの建築はそれほどの衝撃でした。

▲川岸に座って美しきポルトの街並みをスケッチ

▲ 若きシザが地元で設計した海岸沿いのプール

▲ セラルヴィッシュ美術館のホール内観

▲ シザの代表作である聖マルコ教会の美しき天井（内観）

すぐさま美術館の本屋にあった作品集で調べると、シザの事務所がそこからそう遠くないことがわかり、歩いてアルヴァロ・シザ設計事務所に行ってみました。

ピンポーン！

「ベルリンの設計事務所で働いている日本人の建築家です。セラルヴィッシュ美術館に感動したので、シザ先生に逢いたいと思って訪ねてきました」と英語でインターフォン越しに話します。

するとなんと、日本語で答えが返ってきました。

「日本の方ですか？ 僕はここで働く日本人スタッフのセシモです。突然来られてもシザ先生に逢うことはできませんよ」

と至極ごもっともな返事がかえってきました。彼が日本人であることに驚くよりも、シザに逢いたいという想いの方が強くて、僕は必死に食い下がりました。

「でもせっかくポルトまで来たので、せめてもの思い出としてシザ先生に逢って、僕の旅のスケッチを見ていただきたいのですが、だめでしょうか？」

「旅のスケッチですか？ では僕が今からそちらに行きますから、とりあえず僕が見せてもらっていいですか？」

すると間もなくして、瀬下（せしも）さんが玄関先まで出てきてくれました。

挨拶もほどほどに黒いスケッチブックを見せると、

「凄いですね。これならシザも喜ぶかもしれません。ちょっとこのスケッチブックをぼくが見せて事情を説明してみますので、しばらくお待ちください」

そう言って瀬下さんは事務所に戻りました。数分して再びやってくると、「シザが『自分の部屋に連れてきなさい』と言っています」！

こうして僕は、七十歳を超えてなお精力的に素晴らしい建築を生み続ける憧れの巨匠アルヴァロ・シザと対面することができました。日曜日ということもあって、十五人ほどいるはずのスタッフが二人（日本人とドイツ人）しか事務所におらず、ゆったり仕事をしていたので時間をつくってもらえたのです。

とてもフレンドリーな方で、温かい人間味のある印象をもちました。机を挟んで目の前に座ったシザは、僕のスケッチブックを一枚一枚丁寧にめくりながら、相手をしてくれました。

僕は、学生時代にシザの描いた旅のスケッチを雑誌で見て以来スケッチをすることが好きになったことや、これまでに体験してきた建築について、スケッチブックを見ながら話す夢のような時間でした。

最後に、将来は日本に帰って独立したいと伝えると、

▲スケッチブックを覗き込む巨匠アルヴァロ・シザ

「あなたはこれだけ沢山の建築を実際に見て体験してきたんだ、きっと素晴らしい建築をつくるに違いないから、一生懸命頑張りなさい」という力強い言葉をかけてくれました。この言葉は甘いポルト・ワインのごとくずっしりと今でも僕の胸に刻まれています。

自分もシザのように長生きし、沢山の魅力的な建築をつくるアーキテクト（建築家）になりたいと心に決めたこの旅は、忘れがたいものとなりました。

今になって思うこと【14】

日曜日の静かな午後でした。ひっそりと静まり返った事務所の机には、電源の付いていない黒いモニターが並び、広げられた図面などもあって、働くスタッフがいなくても、ここからシザの建築が生み出されているのかと思うと、それだけでアドレナリンがドクドクとあふれてきます。そして、案内された奥のミーティングルームに憧れのシザが座っていた。

「ちょっと待ってて、すぐに終わるから」と言われ、贅沢にも打ち合わせ風景を入り口から見させてもらいました。タバコをふかしながら、鋭い眼で図面に線を重ねていく。スー、スー、っと鉛筆が紙の上を滑らかに踊る音が美しかった。数分してその打ち合わせが終わると、「さぁ、座りなさい」と言われて、座るや否や、僕は前のめりに旅のスケッチブックを巨匠に差し出しました。

よく考えたらずいぶん無礼な訪問だったように思います。休日にアポもなければ、もちろん手土産もない、若気の至り。しかし、スケッチブックに描きためた僕の旅の痕跡、情熱らしきものをシザは、優しく感じ取ってくれていました。先ほどまでの打ち合わせの時の鋭い眼光は、どこかへいき、孫でも見るかのように微笑みながら一枚一枚丁寧に見てくれていた姿が今でも忘れられない。例えば、ロンドンのハイテク建築を描いたスケッチを見て「俺は、この建築が好きじゃない」とはっきり言われたことも印象深い。そうか、建築家っていうのは自分の建築の好みについてこんなにもはっきりしているのか。自らの哲学が強固にあるからこそ、いわば自分の「建築の地図」も明確にあり、それに対して誠実であることが強度ある設計を可能にするんだとその時僕は肌で感じました。

あの日、最後にかけられた「あなたはこれだけ沢山の建築を実際に見て体験してきたんだ、きっと素晴らしい建築をつくるに違いないから、一生懸命頑張りなさい」という言葉を聞いて、僕はハッとしました。当時まだ自分の「独立する」という夢には、リアリティがなかったから。自分が建築家になる姿はまだかなり遠いものに感じられたし、自信もなかった。けれども、シザは僕のスケッチだけを見て、そのように言ってくれたことにすごく感動しました。「こんなにも世界の建築を見てるのに、まだ自分の建築をつくってないのか?」と言わんばかりのニュアンスに、背筋がピンとしたのです。

憧れの巨匠に背中を押されて三年後、僕は日本に帰国して独立しました。そこからまた仕事のない三年が経ち、やっとの想いで凱風館というはじめての建築をつくることになったのです。いまでもシザのあの温かい言葉をふとしたときに思い出すことがあります。僕は「素晴らしい建築」をつくることができているのだろうか、と自問するのです。そして、いつかポルトでシザを再訪したいと密かに思っています。その時は、ちゃんと事前にアポイントを取り、自分のつくっている建築を見せることができたら本当に最高です。

15　縁の下の力持ち——金箱先生の構造設計

ジョン・パーリンの『森と文明』(晶文社、一九九四年)という本を読んで、水の都ヴェネチアの繁栄は森を制覇(伐採)することによって可能になったことを知りました。海上に浮かぶ宝石のような街ヴェネチアは、海の中に埋められた何万本もの木の杭に支えられているんです。でもそれらの杭を見ることはできません。

考えてみると、建築物の構造も外からは見えないことがほとんどです。でも、だからこそ大事なのであり、見えないからといって決して妥協してはなりません。表面の仕上げにどんなに手間とお金をかけても、肝心な建物の土台などの構造がしっかりしていなくては、地震などの災害にも太刀打ちできません。構造に欠陥があると住む人の命にも関わりますから、見えないからこそ、決して手を抜いてはいけない。

凱風館の構造設計は、金箱温春(かねばこよしはる)先生にお願いしました。僕の事務所と金箱先生の事務所がご近所というご縁です。

内田先生と設計の打ち合わせを重ねて、徐々に全体像が固まってきた頃、僕はそろそろ実施設計に進むためにも、構造計算を誰に頼もうか、あれこれ考えていました。そんな時、駅前でランチを済ませて事務所に戻る途中、いつもと違う道を通って帰ってみました。建築家アントニン・レーモンドが設計した聖アンセルモ目黒教会を覗こうと思って寄り道したのです。

その教会の向かいに『金箱構造設計事務所』という看板がふいに目に止まりました。「あれ？　建築雑誌でよく見かける名前だぞ」と思い、インターネットで調べると、やはり数々のプロジェクトの構造計算を手がけた実績のある方でした。一方的に運命のようなものを感じて、さっそく構造設計の依頼メールと電話を差し上げたところ、すぐに承諾していただき、数日後には打ち合わせをスタートしていました。なんだか力強い味方を得ることができて、大変心強く感じたのを覚えています。

さて、建物というのはコンクリートでできた基礎の上に載っています。基礎というのは、つまり土台ですね。木造／鉄骨造／コンクリート造、どんな建築もコンクリートを流し込んで固めた土台としての基礎の上に建っています。

その基礎がしっかりしていればいるほど安心なのですが、基礎を強くしようとする

▲敷地の基礎の下、地面から深さ２ｍの支持層まで、コンクリートの杭を「モグラ叩き」のように合計55本打ち込んで地盤改良を施す

▲コンクリートを流し込む直前の配筋工事の様子

あまり、コンクリートを使いすぎるとコストも上がってしまいます。そこで金箱先生は、地盤改良のための杭を打ち込むことによって基礎の下にある地盤そのものを強くし、当初の計画よりも薄くてスマートな基礎にすることを提案してくれました。

コンクリの基礎の中には、鉄筋（鉄の棒）が網目状に組み込まれています。この鉄筋が横揺れなどの引っぱりの力に抵抗し、コンクリートが荷重など垂直方向の圧縮力に抵抗することで、地震や強風にも揺らぐことのない安全な土台を形成するのです。

凱風館の一階は七十五畳の道場です。柱があると合気道の稽古の邪魔になりますから、幅九m、長さ十三・五mという広さの道場の天井と、その上にある二階部分の荷重のすべてを梁だけで支えなければなりません。

構造設計家は、柱の太さや梁の大きさ、そしてもちろんあの美山の丸太の太さや強度について安全性を計算し、どのように組み立てれば建物の強度を保てるかを割りだします。同時に建築家として、柱と梁の接合部の取り合い（つなぎ方のこと）をスマートに見せる方法や、開口部の大きさ（つまり柱と柱の間隔）の可能性などを検討します。

オープンマインドな構造家との対話は実にスリリングなもの。金箱先生は、建築家の意図することをすぐに感知し、イメージを共有したうえで、より美しい魅力ある空間をつくるために一緒になって考えてくれました。

計算の結果、この道場には幅十七センチ×高さ八十センチの梁が必要になることがわかり、凱風館では通常よりも強度の高い集成材を使うことにしました（材種は米松）。集成材というのは読んで字のごとく、薄くスライスした木を重ねてのりで貼り合わせた木材のことです。集めてくっつけると言っても、木を薄くして乾燥させ、強度の高いものだけを選んで貼り合わせてつくるので、より安定した強度をつくりだします。

この立派な梁が一・五m間隔で八本組み上げられ、人工地盤のような二階の床ができあがります。その上に和室や寝室、家事室、風呂場といった、それぞれ屋根の形の違う部屋がつくられるのです。

こうして金箱先生から構造について太鼓判をもらってから、棟梁にどんどん工事を進めてもらいます。京都・美山町の直人さんの杉の柱や丸太の棟木も、四月には図面通りに現場で一つひとつ丁寧に組み上げられました。

この骨組みだけが建ち上がった骸骨のような状態の時に、上棟式を行います。工事の中間地点でお施主さんが職人さんたちへのねぎらいや感謝の気持ちをこめて、続く工事の安全を祈願するのです。

凱風館では晴天に恵まれた四月二〇日、古式に則った厳粛な上棟式を行いました。

式の最後は、節分の豆まきのように二階のテラスから参列者や近隣の方々にお餅やおひねりを投げて、ぶじ終了です。

建物の構造は外から見えないことが多いと先ほど書きましたが、凱風館では可能なかぎり構造を見せることを心がけています。

道場では集成材の梁も柱も仕上げとして露出していますし、二階もそれぞれ大きさやプロポーションの異なる屋根の形状に合わせて天井を仕上げているので、棟木はもちろんのこと、屋根を支える垂木(たるき)などの部材や柱も壁の中におさめず、部分的に表に見せています。

それは直人さんの杉や井上さんの土壁がもつ素材の物語が建物の内側からも感じられて、みんなに伝わることを願ってのことです。こうした素材が奏でる小さな物語を共有することが建築への愛着を生みだすと信じて、凱風館はつくられています。

建物が地盤改良された強い基礎の上に載っていることを保証してくれる構造計算そのものは、出来上がった建築に書き記されているわけではありません。凱風館にとってまさに縁の下の力持ちが、この金箱先生の構造計算なのです。

▲計算にあたって作成された構造模型

◀梁は１本がおよそ600キロの重さ。クレーンで吊って所定の箇所に棟梁が取り付けていく

▲上棟式の様子、祭壇礼拝の儀

今になって思うこと【15】

古代ローマの建築家ウィトルウィウスは「用・強・美」を備えて建築をつくるべきだと言いました。機能的な用途を備え、安全で強く、美しい建築を目指すべきだということです。これらの要素に順序はありませんが、それぞれの根拠がどこに起因するかを考えてみると、「強」が何より大事であることは明らかです。

「用」途は、クライアントの要望に起因するため、変わる可能性がありますし、「美」しさの基準というものは万人が共有できるものではありません。しかし、建築の安全に関わる「強」さに対しては、構造計算という科学的な根拠があります。地震などの自然災害から人間の命を守るための建築の強さは、構造計算が強さの根拠となります。ただ、建築の強さである構造にも、用途が関係し、美しさと関わってきます。決して「用・強・美」は独立しておらず、密接に関わり合っているのです。だから無限に可能性があり、バランスが難しい。

凱風館の場合は、強度ある建築を合気道の道場という用途を満たすために「柱のない大空間」が必要とされたし、美しい木材でそれを実現するための構造を実現しないといけなかった。このように、「用・強・美」という三つの理は、互いに関係し合っており、それらのベストマッチを見つけることがたいせつになってきます。

建物が完成すると、最も大事なはずの構造の部分が見えなくなります。事実、上棟式の姿というのは、建物の仕上げが施されておらず、骨格だけが露出した生身の構造の姿であり、美しい。僕は、このわずかな期間しか見ることができない骨組みだけの建築の姿がとても好きです。構造が明快に声を発しているから。凱風館の上棟式でも、やはり力強い構造の姿が印象的でした。この時には、もう地鎮祭の時に感じた「狭さ」の感覚はすっかり消え、むしろ、その開放的な「広さ」にびっくりしました。すくっと立つ柱と梁の向こう側に見える透明な青空は、とにかく眩しかった。

基礎が建物と地面の間を取り持ってくれているというか、基礎という下敷きの上に建築が建つことで、地球と建物は支え合っています。建築が竣工し、生活が始まると、建物の基礎は少ししか見えず、杭など一切見ることができません。しかし、杭や基礎といった縁の下の力持ちが地球と建築を調停してくれているからこそ、建築は健全に建っていられるのです。

16　大工たちの身ぶりと息づかい

構造計算がぶじに終わり、柱や梁の大きさや位置が決まったら、次は工場で木材を設計図通りのサイズに切りだして、つなぎ目（仕口（しぐち））の加工をします。これをプレカット工法と言います。読んで字の如く、前もって（＝プレ）切って（＝カット）から、現場で組み立てるやり方です。建設現場では作業環境が悪かったり、天候に左右されたりして、なにかと不自由するものです。そのため広い工場であらかじめ木材を切っておくことで、工期を短縮させようという合理的な工法なんです。

仕口というのは、釘を使わずに部材と部材をつなげる細工で、強度を確保してしっかりと荷重などの力を伝えます。精度の高さが求められる仕事で、宮大工に代表されるように長年継承されてきた伝統的な技術です。人のからだの中で、骨と骨のつなぎ目である関節がいかに大切な役割を果たすかを考えると、この仕口が木材にかかる力を伝える上で最も重要な部分であることはわかると思います。

▲ プレカット工場で仕口の加工がされて、現場に届いた美山の杉の柱たち

工場でカットされ、複雑な仕口の加工が済んだら、いよいよ大工の出番です。あとは組み立てるだけ、といえば簡単ですが、この「建て方」というのがなかなか一筋縄にはいきません。大きなパズルを四、五人で完成させるためには、個々の能力よりもチームワークが大切になってきます。そして、大工さんたちの仕事はこの建て方からはじまって、内部の部屋の仕上げ工事まで続きます。つまり、大工は建築が竣工する最後の最後までずっと現場の主人公なんです。

凱風館には、岩木棟梁のもと、常時四人の大工さんがいます。忙しい時には人数が増えたり、工事の山場を過ぎると減ったりもしますが、その大工仕事を一手にコントロールするのが棟梁の仕事です。つまり大工のボスですね。

岩木棟梁は口数の少ない方ですが、いつも現場の隅々まで目を配らせており、誰よりも仕事が早くて丁寧です。この作業の後にはこれをやる、という具合に、頭の中でつねに先々の段取りを考えて行動しているからでしょう。

また棟梁は、建て方の時に雨が降りそうになったらすぐに仕事の手を止めて、現場に雨が入って来ないように屋根にブルーシートをかけたり、職人たちの安全と仕事の精度を第一に対応します。誇り高き職人気質を持ちながら、不測の事態をも考慮して、素早い決断を下すことができるのです。

大工さんたちの腕の見せどころは、先にも述べた土台や柱、梁、屋根などを組み立てる「建て方」のときです。なにもなかった現場に建築の形がだんだんと立ち上がっていく。空間が生まれてくる瞬間だからこそ、緊張感と高揚感が高まります。

重い部材はクレーンを使って所定の位置まで運び、トントンカンカン叩きながら仕口をはめ込んでいきます。この建て方が不正確で図面と誤差が生じてしまうと、次に下地の板を張り、仕上げ材の工事をする時にはさらに大きな誤差になってしまいかねません。

建て方の時に柱の位置がたとえば三ミリずれていたら、下地でも調整できずに仕上げ工事の段階では十ミリ近い大きなずれになってしまいます。このようなことは、もちろんあってはなりません。精度の悪い工事は、仕上がりが美しくなくなるばかりか、修正作業に手間がかかり工事のスピードも遅れていきます。ですから、とにかく正確さに最善を尽くして丁寧に建て方は進めなくてはなりません。

一階からはじまった作業は、次に二階へと進み、最後は屋根になるわけですが、その頃には地上十メートル近くの高さでの作業になります。現場からでも遠くに六甲山がくっきりと綺麗に見えるそわそわする高さです。大工のみなさんはそんな屋根の上

▲ほかの柱や梁と同様に仕口が加工された丸太が、現場で丁寧に組み上げられていく

でも、まるで地面の上にいるかのように落ちついて迅速に作業しています。それぞれが声を出したり、アイコンタクトをしながら手際よく建物の骨組みを綺麗に組み上げていきます。みんなの息づかいがぴたっと合っているのです。

建築家は現場で彼らの作業を監督する立場なのですが、まさに目の前で原寸大のスケールで立ち上がっていく建築を実感しながら、僕は大工のみなさんの身体感覚に深い感銘を受けました。大工さんたちは地上十メートルの高さでしなやかな身体をつかい、幅がわずか十センチしかない梁の上をバランスよく歩きまわる機敏な身ぶりが印象的でした。筋トレで鍛え上げた身体とは違うのですが、ここしかないという無駄のない動きをしているので、見ているだけで心地よい光景でした。

途中に雨も降ったため、通常の住宅の規模であれば二日もあれば完成する建て方も、凱風館では七日間もかかりました。しかし、なによりひとりの怪我人もなく、正確にすべての木材が組み立てられるのを目の当たりにして、感動しました。

大工さんたちの仕事ぶりを観察していると、お昼ご飯を食べたあとにみんな、各自好きな場所を見つけて昼寝をします。集中しながら肉体を酷使する仕事ですから、しっかり休むことで午後の仕事に備えるのです。

また、毎日の仕事を終えると道具の片付けと手入れをし、現場の掃除をして帰る姿からも、大工さんたちの仕事の質の高さが窺えます。いつ行っても清潔な現場というのは気持ちがいいものです。そうした当たり前のことを積み重ねられるということが、ものすごくたいせつだと思い知らされました。

ここに棚をつくってほしい、手すりの形や床の貼り方を変えたい、といった急な変更にも嫌な顔ひとつせずに対応してもらいました。現場で建てられていく過程を見ていると、つい新しいアイディアが浮かび上がってくるものです。より良いものをつくりたいという気持ちからくるものなので、大工さんたちもすぐに理解して対応してくれました。和室の床の間のデザインについても、岩木棟梁の豊富な経験からいろいろと勉強させてもらいました。

ものづくりの現場には、図面やスケッチ、模型とは違う、本物の材料を加工する面白さと大変さがあります。絵に描いた餅ではなくて、すべてが真剣勝負です。大工さんたちがせっせと作業する、木屑の舞う現場では、まるで森のなかのような木の香りがするんです。僕は、そのなかをワクワクしながらずっと歩き回っていました。

▲上棟式で勢揃いした大工さんたちの記念撮影。右から５人目が現場監督の加藤さん、左から２人目が中島工務店神戸支店長の鷲見さん、６人目が岩木棟梁

今になって思うこと【16】

凱風館を一緒につくった岩木棟梁（忠さん）とは、その後もずっと一緒に仕事をしています。忠さんは、黙々と正確に仕事を進めます。食材を前にした料理人のように、自らの身体感覚を頼りに、現場で家をつくっていくのです。プレカットの仕口に問題があれば、その場ですぐに修正し、納めます。その身ぶりに一切の無駄がない。また決して無理することもせず、淡々とできることをテキパキ遂行する。ベニヤ板をカットするための大きな物差しを端材からつくったり、作業台を素早くこしらえたり、作業の効率化を図るのも経験のなせる技。常に先々のことを考え、現場の作業が滞りなく進むためにいかなる無理もしないという完成を急がない姿勢も、深く信頼できる理由の一つです。

棟梁の忠さんを中心にして、大工さんたちが生き生き仕事しているのを見ていると、やっぱり互いを認め合っていて、みんなが何をすればいいかが口にしなくてもわかっていると同時に、常に最良のつくり方、段取りについて考えていることが大きいように思います。都合がいいので、また料理に喩えると、ハンバーグとポテトサラダと味噌汁をつくるには食材の下ごしらえから始まって、肉と玉ねぎを混ぜること、ジャガイモを茹でること、フライパンで焼くまでに味噌汁も出汁を取ったりして準備を同時に進めながら、最後はすべて暖かい状態で料理が食卓に並べられるようにしなければなりません。味噌汁を早くつくり過ぎてしまうと冷めてしまって美味しくありません。だから、考えながらつくらないと料理も建築もうまくいかないのです。

もう一つたいせつなことがあります。それは「掃除」です。住宅は竣工して、引き渡されたら生活が始まると考えられていますが、工事中から既に建築は生きはじめているのかもしれません。職人さんたちが手塩にかけて丁寧につくっている間から、その建築がもつ雰囲気、もしくは空気の質みたいなものの下地はゆっくり存在し始めます。それをつくり上げるのが現場の掃き掃除をしたり、汚れないように養生したり、空間がパリッと清潔であることに尽きる。汚れたキッチンでは、いくら段取りよく料理しても、美味しいものを気持ちよくつくるのは難しい。だから、現場監理をする建築家としては、働く職人たちが空間への敬意を払ってもらえるように高い意識をみんなで共有することのたいせつさを忠さんの背中から教わったように思います。

17　大地の壁をつくる

柱や梁など建物の構造というのは、人間のからだに喩えると骨にあたります。とすると、外壁は人の皮膚や洋服のようなものだと言えるでしょう。

当初、凱風館の外壁は杉を黒く焦がした焼き杉で仕上げる計画でした。木でできた建築ですから、外壁も木でつくるのが自然だと考えたのです。道場や書斎などの外壁はそれぞれのスペースに合わせて、焼き杉の色や質感にグラデーションで変化をつけるつもりでした。

ですが、太陽光や雨風に容赦なくさらされる外壁を木で仕上げると、どうしても早く劣化してしまうという弱点があります。そのため、塗装や張り替えといったメンテナンスが必要となります。

さらに大きな壁となったのは法律による規制です。凱風館が建つ場所は駅にも近く、第一種住居地域／準防火地域に指定されていて、非常に高い防火性能が求められます。

焼き杉と組み合わせる下地材や壁の中の断熱材を防火性能の高いものにして、防火基準をクリアしようとしたものの、仕上げに焼き杉を使うかぎり、それは困難であることがわかりました。

そこで考えたのが、燃えにくいモルタル（セメントからできた材料）を下地にした上で、漆喰で仕上げるプランでした。大いなる方向転換ですが、漆喰仕上げということは、つまり土の壁ですから、「昔の武家屋敷のような家」という内田先生のご要望にはむしろぴったりだと気付き、土壁のデザインを進めていきました。

木造建築では木材を切ったり、つなげたりという加工をする木工事は大工さんがやり、土を扱う仕事は左官職人さんが担当しますが、現在この左官職人の仕事はすごく少なくなっています。つまり、日本の家づくりの現場からどんどん水がなくなってきているのです。

どういうことかというと、土の壁をつくるには、材料の調合にも、作業を進めるときにも、とにかく沢山の水を必要とします。スピーディーにつくれる壁紙やボード類を使った壁と違って、土の壁は下塗り／中塗り／仕上げという具合に工程が多いため、時間もかかります。乾燥も天候に左右されますから、とにかくスローなんです。でもだからこそ耐久性があって、味わい深いのが土壁です。鏝(こて)を使って丁寧に進められる左官仕事には「手」の痕跡が残るという特徴があります。いまもてはやされている白く抽象的な現代建築にはこの「手」の痕跡がないことに、僕はどうしても違和感を覚えます。

凱風館の土壁を作ってくれるのは、京都の綾部地方を拠点にして、寺社/文化財の修復保存などの仕事を手がけてらっしゃる井上良夫さんです。中島工務店とも多くの仕事をともにしてきたベテランの職人さんで、その技術には定評があるとのことでした。

井上さんにお会いしてみると、「土のことは俺に任せろ」という強いオーラを感じさせる、笑顔が素敵な方でした。陽気でよくしゃべる井上さんの言葉は、謙虚でありつつも腕のよい職人ならではの絶対的な自信に支えられています。できるものはできるし、できないものはできないと、はっきり言う。その自信は、左官の世界に飛び込んで以来、長い経験によって培われた強靭なものです。一切おごることなく、より良い物をいかにつくるかを自由な感性で考え続けているところに井上さんの凄みがあります。

そんな井上さんの姿にぼくは、湖畔に建てた小屋でひとり〝森の生活〟を送ったアメリカの作家ヘンリー・デヴィッド・ソローを重ね合わせていました。マサチューセ

▲左官職人の井上良夫さん

▲美山町の山で井上さん自ら土を掘り出す

ッツの森のなか、ウォールデン湖に面した小屋で生活するソローがもっていたであろう生命体としての強さを、どことなく井上さんにも感じたからです。

森に落ちている枝を使って物干竿をつくったりするような、ありものだけで最低限の生活を送ることのできる（ブリコラージュ）研ぎすまされた感覚の持ち主ということです。それを成り立たせているのは豊富な知識とたゆまぬ努力でしょう。

エピソードを一つご紹介します。

凱風館の外部も内部も、土の壁は井上さんにおねがいしようと決まったのは、ちょうど美山町で林業家の小林直人さんが杉材の最終調整をしている頃でした。井上さんも同じ京都を本拠にしているわけだし、凱風館に使われる杉材をご覧になりたいということで、顔合わせのため美山町にご一緒した時のこと。

製材がすんで乾燥中の杉を見ながら話していると、「この杉が育った山の土はどんなんかいね？　もし、ええ土が取れるんやったら、その土をもろて調合したらええ土壁が出来るんちゃうかな？　そりゃ、美山の杉の家は、美山の土でつくるんが一番やさかいに。ずっと山で一緒に生活しとったんやから」と仰るんです。

ハッとしました。

▲２階の客間サロンの壁に美山の土を塗り込める
（上部と下部には美山の杉の丸太）

山のなかで木々が立派に育つことができるのは、太陽の光と土の大地があってのこと。その木が柱となって建築を支える壁に同じ山の土が寄り添っていれば、相性が抜群にいいに決まっています。

まさに大地でそっくりそのまま壁をつくるということ。これには内田先生もすぐ共感され、実行に移すことになりました。

五月のゴールデン・ウィークに内田先生と美山を訪れた際に、井上さんも合流し、山に入って美山の土を持って帰ってもらいました。それをすぐにあれこれ調合して、井上さんは綺麗な土壁の見本をいくつもつくってくれたのです。そんな魅力的な左官職人の井上さんによって、凱風館の土壁はゆっくり丁寧につくり込まれていくことになりました。

そして、十月に入って外壁から内壁へと左官工事が進んでいき、ついに美山で取った土が凱風館の壁に塗り込まれていきます。その絶妙な色合いは大地を感じさせ、井上さんの鏝さばきも華麗なダンスのように壁の上を踊ります。

丸太の壁となっている美山の杉と美山の土がここで再会を果たしたのです。

「おう、お前も来たか?」という丸太の声が聞こえてきそうな、ウキウキする瞬間でした。

今になって思うこと【17】

竣工すると見え辛くなってしまいがちな構造が縁の下の力持ちだとすると、仕上げというずっと見える役割を果たす土壁は、先に述べたウィトルウィウスの「用・強・美」の「美」に深く関わることになります。美しさを感じるのは、なぜでしょうか。

それは、言葉に説明するのは野暮で、ただ見ればわかる、感じてもらえばいいと言ってしまえば元も子もないので、この美しさの本質について、その根拠を示してみたいと思います。

まずは、見た目が美しいか、美しくないかについて考えてみたいのですが、美しく感じるものは、光を受けて多様な表情をもっています。調和の取れたなかにも、ある種のわからなさがあり、ずっと見ていても飽きません。見る角度、見る距離、見る時間によって違った見え方を提供することで表面に深みが生まれます。さまざまな「肌理（きめ）」をもち合わせていることで、遠くから見える表情と近くから見たときの表情に豊かさがあり、惹かれるように思います。ちょうど印象派の名画であるモネの睡蓮を離れて見た印象と、ものすごく近くで見た印象の違いを連想してもらうとわかりやすいかもしれません。

もう一つは、素材の物質としての本物性ではないでしょうか。つまり、本物と偽物の違いは、自然の物であるか、人工的につくり出された物かの違いです。本物の土壁は、本文で書いた通り美山の土を丁寧に調合して、時間をかけてつくりますが、土壁風の物は、工場で人工的につくられているので、すぐに商品として買うことができて、とても便利なのです。自然が人工よりも豊かなのは「予測不能性」を含むからではないでしょうか。自然の物は、土壁に限らず、木材だって、石材だって、一期一会の物質であり、加工することで「どうなるかわからない」ということを少なからずはらんでいるものです。自分とまったく同じ顔をした人間がいないように。自然は、決して人間がコントロールできるものではないと職人たちはわかっているからこそ、「やってみる」ところから自然の物と向き合い美しさへの探求が始まります。

しかし、人工的な物は、残念ながらやはり商品となってしまっています。値段も、工期もわかってしまっている。漆喰風クロスの表情には、奥行きというものがありません。商品はいつだって取り替え可能なものです。そこには、自然素材に秘められた「わからなさ」という魅力はない。値段が高価だったり、時間がかかってしまったりしても、あるいは、上手くいかないかもしれないというリスクがあっても、やはり完成した物が「自分たちだけの物」という深い愛着が生まれることが本物の自然素材の魅力だと思います。そのために土壁や木材は、呼吸しています。自然の物は、空気と関わり続けるから時間との上手なつき合い方ができるのだと思っています。

こうして不可逆な時間を味方につけてこそ、この先の長い時間を共にする建築と上手に付き合えません。だから、美しさに関わる建築の仕上げ材に関しては、多様な表情をもった本物の材料を選択することで、光を受けて長い時間に渡って変化していく様を楽しめるような美しい空間が立ち上がると信じています。

18　土のソムリエ・井上良夫さん

凱風館の外壁を左官仕上げにすることが決まったので、僕はさっそく外壁をどんなふうに仕上げようかと、あれこれアイディアを練りました。土という大地から生まれる自然を建築という人工物にどのように取り込むのか、考えどころです。建物の外壁を敷地の下に横たわる地層の延長として捉え、色味の異なる左官壁を下のほうから積み重ねるプランや、まったく無関係にグラフィック・デザインとして外壁に色をつけるプランにも挑戦しました。

しかし一番しっくりきたのは、三つの特徴をもつ内部の様子を外側にも反映させるという案でした。つまり、パブリックな性格を持つ道場の外壁は黒寒水石（くろかんすいせき）（黒い炭酸カルシウムの結晶）の洗い出しで、書斎やサロンなどのセミ・パブリックなスペースは白漆喰で、キッチンや寝室などのプライベートな部分は肌色（クリーム色）漆喰で、それぞれを仕上げるというものです。

▲外部の仕上げのバリエーションを検討し、採用された案のスケッチ

▲外部の仕上げのバリエーションを検討するための模型たち

内部の部屋の性格を外部の色で表現するという、凱風館にはごく自然なこのプランは、内田先生にもすぐに納得していただきました。

左官の仕事は、長期間にわたる建築工事の終盤に登場します。木造の建物には当然のことですが、工事の主役となるのは棟梁をはじめとする大工さんたちです。左官職人が登場するのは、その大工さんたちが壁の下地を完成させてからなので、そういう意味では脇役とも言えます。

しかし、井上さんはこう言います。

「現場の大工仕事を生かすも殺すも左官次第やで。棟梁の仕事に対して、綺麗に土を添えていくと見栄えが全然ちゃうからな。生き物のように柔らかい土がしっかり柱や梁に塗り込まれると、お互いの素材が呼吸もするし、引き立て合うさかいに」と。

凱風館では九月に入ってから、いよいよ左官仕事がスタートしました。井上さんを親方として、総勢五人の職人さんが息の合った仕事ぶりで壁を塗り込んでいきます。この時から現場では水が多く使われるようになります。土でも、砂でも、漆喰でも、セメントでも、すべての材料が水と一緒に混ぜてつくられるのです。つまり左官職人は水の職人なんです。

まずは外壁から丹精を込めて塗っていきます。現場で井上さんの仕事ぶりを後ろからじっと見ていて驚いたのが、土の重さを計量し、水とゆっくり丁寧に混ぜながら材料を準備するのが親方の仕事だったことです。お弟子さんたちはその材料を鏝板(こていた)に載せて手際よく壁に塗り込んでいきます。画家がカンバスに向き合うように。

もちろん井上さんは塗る作業にも参加するのですが、材料の調合というのは、何度もサンプルをつくって試行錯誤した末に完成する秘密のレシピのようなものなので、絶対に間違いのないように井上さんが自らつくるんです。

弟子に食材の仕込みをさせて、大事な調理をするのが料理長、というイメージが僕には勝手にありましたが、実際はその真逆でした。

　左官職人さんたちが鏝で材料を壁の中にこすり込んでいくその佇まいには、見ていてホレボレさせられます。ピリッとした緊張感のなか、鏝で壁に塗り込んでいくと心地よい音がします。最初は砂などの粒子がこすれ合い「ザラッ、ザラッ」と荒っぽかった音が、土が押さえ込まれて壁の中の密度が増すにつれ「シャリ、シャリ」に変わり、最後は「スー、スー」と土をなでるような優しい奥行きのある音が響きます。

　これは、大地の土が自然界から建築へと移行する、まさにその境界線上にある音楽なのかもしれません。この歯切れのいい音と共に、迷いなく奏でられる土の音楽が手の痕跡となって赤ちゃんの肌のような瑞々(みずみず)しい土壁ができあがっていきます。

▲鏝で外壁（左）／道場の内壁（右）を塗り込む井上さん

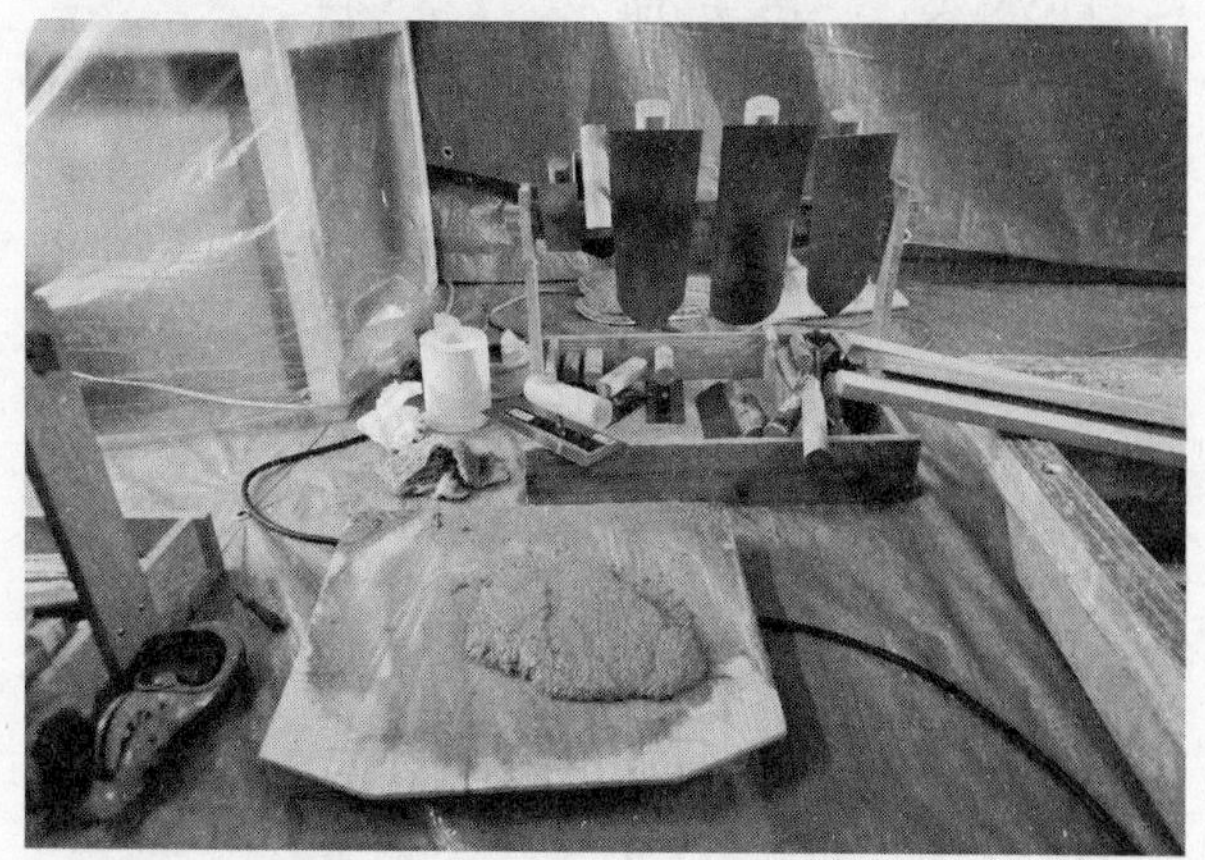

▲左官職人の道具箱・岡持（おかもち）と鏝板

下塗りをして乾燥を待ち、中塗りをして乾燥を待ち、仕上げを塗ってまた乾燥、という具合に時間のかかるのが、水の職人である左官職人の仕事なのです。辛抱強くないといけません。

規格化された建材が流通するようになって、現場のスピードは向上し、大量生産が可能となったことで、価格も下がり、日本の家づくりは一変しました。あらゆるものがマネージメント可能になった。それによってスローな左官仕事の出番は壊滅的に減ってきています。

でも、土の壁は水でできていますから、時間が経つにつれ風情がにじみ出てきます。もちろんひび割れすることもあります。部屋の空気を呼吸しながら、完成してもなお乾燥して新しい表情をみせてくれるのですから。人間が歳を重ねると、しわが増えることで魅力的な顔になっていくように、土壁もまた時間に耐えて味わいを増す立派な素材と言えます。

それもこれも、今では珍しくなってしまった職人のなかの職人気質をもつ井上さんのおかげ。こうして凱風館は立派な佇まいを獲得していくのです。

ベルリンで働いていた頃、仕事帰りによく同僚のドイツ人たちとクナイペ（バー）に寄ってビールを飲みました。水のようにビールをがんがん飲む彼らのペースにはとてもついていけないため、一人だけウィスキーを飲む習慣が身に付いたので、僕はワインをそれほど飲みません。

しかし、ワインが微妙な温度や湿度の調整を必要とするデリケートな飲み物であることは知っています。その豊潤なワインの世界への道先案内人としてソムリエという仕事があるように、腕のたつ井上さんのような左官職人は、まさに土のソムリエとして建築の精度を脇からしっかりと支えてくれているのです。

今になって思うこと【18】

二〇世紀後半に近代建築が世界中に広がっていったのは、幾何学による合理性とその場所性から自由になったことで多くの人が共感できる「新しさ」を持っていたからと言えます。白くて綺麗、軽やかで斬新なモダニズムは建設技術の進化と共に、資本主義社会と深くシンクロして世界中に展開されるようになりました。しかし、近代建築がそれぞれの場所と建築を切り離しただけでなく、「時間」という概念をなくしてしまったことに大きな問題があると思っています。

合理的であることは、素早く正確につくることを意味します。工場であらかじめつくったものを現場で組み立てることが主流になります。コンクリートでさえ、現場で打たないで、工場で精密につくったもの（プレキャスト）を現場で配置する。現場から予測困難なものはドンドン排除されていく。天候に左右されるものも、工期に影響するので嫌がられます。近代建築の普及によって左官という業種は一気に隅っこに追いやられてしまったのです。しかし、短時間で設えたものが長い時間に耐えられるような強度を獲得できるでしょうか。いかなる現場でも、つくられる時間より、建築として完成してから生きられる時間の方がよほど長い。そのためには、やはりつくられる時間を短縮することよりも、塗り重ねて乾かせる時間を充分に考慮しながら丁寧につくることの方がたいせつになってくるのではないでしょうか。凱風館の土壁はどこの壁も個性的な表情をもっています。土壁は、呼吸しながらいい歳の重ね方をします。梅雨の時期には道場の壁は少し艶っぽくなり、冬にはカラッとする。そんな豊かな表情を持つのは、土のソムリエとして井上さんが丁寧に時間をかけて下塗りから、幾重にも塗り重ねた層がなせる技だと思うのです。

井上さんは、納得するまで壁を何度でも塗ります。凱風館の玄関の白い漆喰壁も実は一度やり直しています。漆喰の中に入れた白い玉が思ったよりムラがあってイメージと違った。僕は現場でそれを見たときに「ん?」って顔をしました。しかし、僕は材料の調合からこの玄関と階段室の作業が無駄になってしまうのが、なんだか申し訳なくて「やり直し」という言葉を躊躇していましたが、僕のそんな態度を見るまでもなく、井上さんが自ら「あかんな、ここは全部やり直そう。三日分の仕事はパーやけど、しゃーない。玄関入って最初の一番大事なところやから、もっペン調合変えてやってみるわ。この壁は、とりあえず剝がそう」と即決しました。近代建築が忘れてしまった時間を内包した建築の姿がここにあるのかもしれない。

19 淡路のカワラマン・山田脩二さん

淡路島の津井は昔から瓦の街として知られていて、たくさんの瓦工場があります。自然が豊かで、瓦に適した土があり、空気の美味しい場所です。

第一線で活躍するカメラマンだった山田脩二さんは、三十年前に突如、津井に移り住み、瓦工場で働き始めました。二年ほどですっかりノウハウを覚え、瓦職人として自立しました。脩二さんは二つ目の天職をみつけて、カメラマンからカワラマンへと華麗なる転身をはかったのです。

三年前にはご自宅の脇に、いまでは絶滅しそうなほど珍しくなった「だるま窯」を建設し、月に一回のペースで火を入れて瓦を焼いています。瓦を焼くという仕事は、それはもう大変な肉体労働です。一〇〇〇枚もの瓦を窯の中に丁寧に配置し、最大九〇〇度ちょっとの熱が均等にいきわたるように工夫します。薪をくべて、火をおこし、昼夜を問わず二十四時間態勢で窯を見ながら焼くのです。

▲近くの廃墟からもらってきた風情のある古い瓦が「だるま窯」の屋根に載っている

▲脩二さんがつくった念願の「だるま窯」

こうして焼き上がった瓦は、機械で焼いたものに比べてどうしても精度は落ちます。土は伸縮しますし、燻しの焼け方にもムラが出ます。しかし、大きさが数ミリ違うことや、燻しの光り具合にムラがあることは、瓦の性能にはまったく問題となりません。むしろ手仕事の味わいがあり、大変に美しいものです。管理された工場で生産される工業製品の瓦は、精度が最重要課題なので、規格化された完全に同じ瓦が正確に大量につくられる必要があります。でも極端な品質管理はそのために大量の不良品を生み出してしまう。つまり流通できないゴミとなる瓦たちです。

そうした機械化された合理主義から一線を画したところで、脩二さんは人間味のある瓦を焼いて、多くの建築に供給し続けています。

脩二さんは写真家として日本全国の山村をカメラ片手に歩いて旅をし、美しい風景を写真に収めていました。旅先で杯を交わした村人たちと同じ目線で脩二さんはファインダーを覗き、シャッターを切ります。

白と黒のコントラストの効いたシャープな写真のなかには、日本の集落に流れる柔らかい時間が見事に写し出されています。印画紙に焼き付けられた今は戻らぬ日本の

▲凱風館の門の前で瓦を手に持つ山田脩二さん

▲「だるま窯」の中で脩二さんの説明を熱心に聞く内田樹さん

風景には、かならず瓦が写っていました。瓦が敷き詰められた屋根は最良のモチーフであり、集落のアイコンなんです。連続する瓦の燻しが持つ黒の深みが、ひと際強い存在感を放って画面を支配します。

脩二さんがいつしか瓦に携わる仕事に就きたい、土を触って焼く生活がしたいと願うようになったのは、今となっては必然だったようにも思われます。

僕は学生時代に、師匠である石山さんの自邸兼設計事務所《世田谷村》にお世話になり、地下の事務所で平行定規を使って青焼きの図面を引いていました。先生の近くに毎日いましたので、もちろん来客の方々にご挨拶する機会も多く、石山さんの古くからの友人である山田脩二さんにも幾度かお目にかかる機会がありました。

象設計集団による《用賀プロムナード》というプロジェクトに脩二さんの瓦がたくさん使われているのをこの目で見て、有機的なデザインによって建築と道路の関係を豊かなものに変貌させる強度を、学生ながらに体感させてもらいました。

そして、いつか脩二さんの瓦を使ってみたいと密かに思うようになっていました。強く念じれば、しかるべきタイミングで願いは叶うということですね。

凱風館に玄関が二つあることは最初から決まっていたので、僕はそれぞれの玄関にはっきり表情の変化をつけたいと考えていました。つまり、プライベートの玄関に入って靴を脱ぐ瞬間と、パブリックな道場の玄関で靴を脱ぐ瞬間とでは、違った心持ちになるような空間をつくり出したかった。

そこで思い出したのが、脩二さんの瓦です。燻しのムラや土の質感の異なる敷き瓦を使い分ければ、「家に帰ってきたな」という安心感を覚える玄関と、「さあ、合気道の稽古をするぞ」という緊張感にふさわしい玄関と、二つをつくり分けることができるのではないかと考えました。

思い立ったが吉日、さっそくいつもの電話攻撃です。脩二さんに簡単に自己紹介をしたあと、神戸ではじめての建築を設計していること、脩二さんの瓦を二つの玄関に使いたいこと、を伝えました。

すると二つ返事で「おお、石山の弟子か。面白そうだな。じゃあ、一度淡路島に来なさい。一緒にうまい酒でも飲んで、話を聞こうじゃないか」と、あたたかく迎え入れてくれました。

数日後、神戸・三ノ宮の駅からバスに乗って明石海峡大橋を渡り、淡路島を訪ねました。仙人のような長くて白いあごひげを蓄えた脩二さんが津井のバス停まで迎えにきてくれました。世田谷村でご挨拶したことがあったとはいえ、この時が初対面のようなものでした。

さっそく、自宅脇のだるま窯に案内されました。煙突のついた瓦屋根の下にあるだるま窯は、文字どおり大きなだるまが鎮座しているようで、独特な風格のある佇まいが印象に残ります。火を入れるための薪も大量に積んであり、ものづくりの現場らしい心地よい空気が流れています。裏手の工房らしき場所で、たくさんの種類の瓦を見せてもらい、あれこれとイメージを膨らませます。

だるま窯とご自宅をつなぐ道沿いを歩いていると、瓦をただ積み上げただけの塀があり、それがあまりにも美しくて、見入ってしまいました。まさにひと目惚れです。これを凱風館の塀のデザインに取り込みたいと、その場で脩二さんに伝えると「おお、できるよ」とこれまたふたつ返事。

わくわくと興奮したまま、ご自宅にお邪魔すると、大工だったという脩二さんの父親が設計した素敵な木造住宅は、なんとも強烈な空間でした。室内のあちこちに配置された瓦の一輪挿しやお皿、宇佐見圭司画伯の絵画まで、すべてに凜とした緊張感が漂っています。

細部まで脩二さんの美意識が貫かれたその部屋で昼間から乾杯しました。図面を見ながらの打ち合わせもほどほどに、建築の話や瓦の話、昔の写真家時代の話まで、あっという間に四時間以上話し込んでいました。

▲西側の路地に積み上げられた瓦の塀と、地面の敷きつめられた瓦たち（撮影：山岸剛）

▲完成したばかりのプライベート玄関の敷き瓦

▲道場の玄関／門の足下の瓦を施工中

肝心の凱風館プロジェクトについても、すぐに趣旨を理解していただき、今度は脩二さんに神戸の凱風館の現場に来ていただいて、詳細を検討していくことになりました。

こうして凱風館の二つの玄関と外部の塀を山田脩二さんの焼いた瓦で仕上げてもらうことが決まりました。

昼間にもかかわらず飲んでいたビールはいつしか美味しい焼酎に変わっていました。脩二さんに凱風館に参加してもらうという念願が叶った喜びで、すっかり酔いがまわり、顔を赤くした僕は、帰りのバスと電車ではぐっすり深い眠りについてしまったのでした。

今になって思うこと【19】

山田脩二さんは、現場のなかでも一際異彩を放っていました。やはり、カメラマンからカワラマンという転身もそうですが、その人となりが仙人のような出で立ちと共に強烈なオーラとなって放たれていたからだと思います。とにかく声も大きくて、存在感がすごい。それは、技術を磨いていく職人気質と同時にカメラマンとして培った作家としての厳しい眼を持ち合わせている故に獲得される両義的な個性と言えます。その仕事ぶりは、お酒の飲みっぷり同様に豪快で、過度に感覚的でありながらも、緻密に考え抜かれているために、カメレオンのように臨機応変に姿を変えるところが魅力的です。

脩二さんの瓦がもつ複雑な表情は、決まったルールによってつくられるものではありません。むしろ、焼きムラにしても、並べ方にしても、常に一定の遊びがあるところに美学が宿っているように感じられます。脩二さん本人がとにかくいつも楽しみながら笑顔でつくっている。もちろん、敷地境界線に並べられた瓦が六甲山をイメージし、足下に埋められた路地の瓦が瀬戸内海の波をイメージしているという大きな方向性はしっかりと共有しています。そこからいかに自由に発想してもらう「余白」があるかということが重要なのです。やはり、何事もキチッとして約束事の上で淡々とこなされるような姿勢では創造的なものは生まれてこないでしょう。

脩二さんのつくった瓦は、凱風館にて大きな声をもって主張していません。しかし、それが決してうるさくないから不思議です。印象に残らないほどの存在感では困るし、あまりに主張しすぎると逆に邪魔になったりする。その絶妙なバランス感覚が、脩二さんのつくった凱風館の二つの玄関と路地には息づいている。常識に囚われない自由さの本質を見せてくれました。そして、ストイックな姿勢を言葉で語るのではなく、背中で指し示してくれたように感じています。

僕は凱風館以来、まだ脩二さんと仕事をご一緒できていません。やっぱり魅力ある建築には脩二さんのような何をつくり出すかわからない強烈なキャラクターをもつ職人の果たす役割は小さくないと感じている今日この頃。なんだか淡路島に行って脩二さんとまた杯を交わしたくなってきました。

20 カーテンを超えるカーテンをめざす・安東陽子さん

建築内部の空間を決定づける要素には、素材の種類やスケール感などさまざまなものがありますが、なかでもいちばん大事なのは、やっぱり光だと思います。毎日くり返し東の空から昇って西の空に沈む太陽。四季をつくるのは、この太陽の光です。その光を建築のなかでどう扱うのか、どう取り込むのかを想像＝創造することが、設計の一つのたいせつなポイントとなります。

スケッチし、図面を描いて、模型をつくる。設計を進める上で欠かせないこのプロセスは、なによりも空間における光の効果を検討するためにある、と言っても過言ではありません。凱風館では、三つのガーデン・テラスや窓などたくさんの開口部が、外部から光を取り入れる装置となっています。そこから内部に入ってきた太陽の光がそれぞれの空間に対してどのように機能するかを考えました。

例えば玄関を入ってすぐ左手の壁。京都美山町の土で井上左官職がつくってくれた土壁の中を、四枚のガラスがスリット状に貫入してあります。ガラスを面としてタテに使わず水平にして、壁に刺しているのです。

これは、レーザー光線のようにシャープな光によって来客をゆっくりと道場のほうに吸い寄せられないかと考え、玄関に入ってくる人の目の高さにデザインしたものです。特に西日が壁に当たった時、土壁の中に四本の光の線が輝いて、人の動きを誘うようにと考えた演出です。

太陽の光はつねに運動しています。季節やお天気にも影響されるので、まったく同じ光というものは存在しません。そうした日々の変化を発見しやすいような空間づくりを、凱風館では目指しました。

そこで大事な役割を果たすのが、カーテンです。ひと口にカーテンと言っても、多種多様な素材やデザインがあり、選び方次第で空間に新しい表情を与えてくれます。壁や床、柱などの直線が物質的にハードな境界をつくりだすのとは対照的に、布という素材が光を調整することによって、カーテンは内部と外部を柔らかく仕切ってくれるのです。

凱風館ではすべてのカーテンの選定と制作を、テキスタイル・デザイナー・コーディネーターの安東陽子さんにお願いしました。

▲道場へと誘う光の４本線

安東さんは、伊東豊雄氏、隈研吾氏、青木淳氏など世界的に活躍する建築家たちと多くのプロジェクトを完成させてきた、プロフェッショナルです。布という素材の可能性や、空間を柔らかく分節する可能性を追求する彼女の仕事は高い創造力に満ちていて、いつも驚きの連続です。

なにより決まったスタイルに固まることなく、つねに自由な感覚で空間と向き合っているのが素晴らしくて、前々からいつか必ず一緒に仕事をしたいと思っていた方なのです。

といっても、お名前は存じあげていましたが、お会いしたこともお顔を拝見したこともありませんでした。

建築家の藤原徹平さんが個人ではじめて設計した住宅の完成内覧会に出かけた時のこと。完成したばかりのカーテンにアイロンをかけたり、縫製の確認をしながら、地べたに座り込んで仕事をしている女性がいました。すると、藤原さんが「この方がカーテンをやってくれた安東さんです」と紹介してくれました。

ちょうど凱風館のカーテンをどうするか悩んでいた時期でしたので、またしても勝手に運命を感じてしまいました。渡りに船とはこのことか。思い切って出会い頭に凱風館のカーテンを依頼したところ「いいわよ、今度打ち合わせしましょう」という返

▲安東さんの代表作の一つ、多摩美術大学図書館（八王子キャンパス）のカーテン（設計・写真提供：伊東豊雄建築設計事務所）

▲数多くのサンプルを持参して凱風館で初プレゼン

事をもらいびっくりしました。聞けば安東さんも内田先生の読者で、多くの著作を読んでいるとのことで、僕の施主がその内田先生であるということに驚かれていました。

安東さんと打ち合わせをしていると、当然のことかもしれませんが、研ぎすまされた感性と、それに裏打ちされた空間認識のスピードの凄さに驚かされます。図面と模型を見ながら僕の事務所で話し合っている時も、実際に凱風館の現場に来てもらってあれこれ検討している時も、たくさんの言葉を費やす必要がない。はじめて会った時からどこか本質を見抜かれているとでも言うか、言葉で伝えなくてもわかってくれているのが顔の表情からも窺えます。これぞプロだと思いました。

もちろん施主の内田先生との打ち合わせでも、丁寧に要望やイメージを聞き出して、ビシッとデザインの提案を固めていきます。

この〝言わなくてもわかる〟感覚を共有するというのは、かんたんにはたどり着くことのできない境地だと思いますが、安東さんは、ご自身の感覚と柔軟なコミュニケーション力を発揮して、短時間でこうした信頼関係を築き、仕事を進めていきます。

なにより、安東さんのつくるカーテンは単なるカーテンではありません。空間に対する想像力から生み出されたものであり、建築を構成する壁や床、天井となんら変わらない大切な要素の一つなんです。

◀道場の窓のロールスクリーン。
窓越しに脩二さんの瓦の塀が見える

▲ガーデン・テラスからグリーンのカーテン・パネルを通して
セミパブリックな客間に差し込む冬の朝日

凱風館がどのような建築で、なにを意図して設計を進めているのかについて説明し、抽象的なコンセプトのレベルと、具体的な空間の見え方や光の入り方の両面から話し合った結果、安東さんは「パブリック／セミパブリック／プライベート、それぞれの空間としての特徴を分けるのではなく、柔らかくつなげるような素材の選び方」を提案してくれました。

近隣からの目線や、洗濯できることを考慮して、道場には耐久性の高いロール・スクリーンを導入し、それと同じ布に着色をほどこしたもので男女更衣室の暖簾（のれん）をつくってもらいました。この布は裏と表で濃淡の異なる表情をもつので、書生部屋と書斎のカーテンも道場とは色違いの同じ布を使って、統一感をもたせる計画にしました。キッチンやロフトには、オーガンジーの素材をあしらった光を優しく透過する布を採用し、同じ素材のグリーンをアクセントとしたカーテン・パネルを二階のガーデン・テラスに使うことで、光のグラデーションを演出することができました。

プライベートな寝室は、遮光性を高めるためと目線をシャットアウトする必要からカーテンを二重にしました。

このように安東さんのプランは、機能性と美的感覚のバランスがとても心地よく、打ち合わせもいつも楽しいものでした。

▲完成したてのカーテンをバックに、お稽古途中の内田師範、安東さんと記念撮影

彼女はご自身のことを「テキスタイル・デザイナー・コーディネーター」と称しています。テキスタイル（＝布地）という素材を最大限に駆使して、建築空間をより豊かで魅力的なものにするために、光との共演を演出するんです。彼女のようにカーテンのことを考え、活用した人はいないと思います。

これまでの建築設計では、カーテンはお施主さんの好きなようにどうぞ、というのがふつうでした。しかし、建築にとって光がいかに大事であるかを知れば、カーテン一つとっても空間を圧倒する存在になりえます。そこに安東さんはフロンティアとしてチャレンジしているんだと思います。

テキスタイル・デザイナー・コーディネーターとして、まさに建築界に新しい風を吹き込もうとしているパイオニアであることは間違いありません。二〇一一年、「安東陽子デザイン」として独立した安東さんからは、新しい職業を切り開いていく責任感らしさをビシバシ感じました。それが高い水準でデザインされたテキスタイルをつくっていく原点ではないかと想像しています。

今になって思うこと【20】

建築は、とても硬い。木材だって工具を使わないと切ったり穴を開けたりすることもできないし、土壁だって、ガラスだって、やっぱり硬い。建築を構成する要素のほとんどが硬い物質であるのに対してカーテンだけは、柔らかい。布から衣服を連想するように、建築の開口部が纏う衣服としてのテキスタイルは、硬いものばかりの建築にあって、空間のなかにひらひらと優しく存在しています。

では、カーテンの役割とはなんでしょう？　それは、建築の内外を隔てる開口部に対して、スクリーンとして光を調整すること、加えて、目線もコントロールすることです。外から見られたくないけど、気持ちいい太陽の光は採り入れたい。窓を完全に塞いでしまえば、真っ暗になり、見られる心配もないし、何も付けなければ、光は煌々と入るが、外から丸見えになってしまう。このバランスを調整するのが、カーテンです。室内環境的にも、窓は壁に比べて断熱性能に劣るので、外気の影響を受け易いためカーテンを付けることは効果的なのです。そこで、いかにして自然と心地よい空間がつくれるのかを安東さんは考えてくれました。

道場のカーテンは、丈夫なキャンバス生地にしていただいたことで、道着のようなずっしりとした印象を与えてくれる上に、やはりお稽古中に引っ掛かってしまっても破れることがないので助かります。逆に二階のサロンのスクリーンは、パネル化したことで半透明なスクリーンとして美しく中庭の姿を室内に取り込んでくれています。

テキスタイルは、物質として柔らかいけど、存在としてもふわっと柔らかく存在していることも重要です。揺らぎがある。存在として柔らかいということは、実際に自ら動かすことで空間に小さな変化を与えることができるからでしょう。建築のなかのほとんどの硬い物質が不動（扉や窓以外は、動かない）であるのに対して、カーテンは自分で操作し、動かせるのが存在としての柔らかさに繋がっているように感じています。見えない風の姿を優しく揺らぐことで感じさせてくれるカーテンに、いつも心がほっこりします。

21　時間に耐える建築——アルハンブラ宮殿と東大寺南大門

好きな建築は世界中に数えきれないほどありますが、圧倒的に惹かれるのはやはり蓄積した時間を内にはらんだ建築です。何百年、ときには何千年ものあいだ存在してきたような建築です。雨風を避けるのはもちろんのこと、さまざまに人々に使われ続けている建物に強い魅力を感じます。できたての新しい建物がもちえない熟成した佇まいを放つ建築がなにより好きなんです。

真っ先に脳裏に浮かぶのは、スペイン南部に位置するグラナダの街に建つアルハンブラ宮殿です。丘の上にレンガでつくられた城塞は今も立派な姿を残し、生き生きとした空気を漂わせています。気持ちがとても落ち着いて、なんともいえない安堵感を与えてくれたのをはっきり覚えています。特別にシンボリックなものがあったり、目を奪われるような美しさがあるわけではなく、むしろ崩れかけた壁やいささかちぐはぐなレンガとタイルといった粗(あら)が気になったほどです。

でも、歴史をすこし勉強すれば、このアルハンブラ宮殿を舞台にどれだけ凄惨な歴史が繰り広げられたかは容易に想像できます。イスラム教とキリスト教という相容れない二つの宗教と文化が、何世紀にもわたって塗り重ねられてきたのですから。カトリックのレコンキスタ（国土回復戦争）でモスクは教会へと変えられ、修道院なども容赦なく増築されました。アルハンブラ宮殿は創建された当初とは違う使われ方をし続けてきた建築なのです。

それは例えば東京で多く見られるような、旧い建物を壊しては新しく建て替えていくやり方とは、かなり異なった様相を呈しています。昨日までそこにあった建物が一瞬の内に姿を消し、ある日突然真新しい建物に変わっている。建物の老朽化や機能不全、相続問題などを理由にこうしたスクラップ・アンド・ビルドを正当化することも可能かもしれませんが、時間と歴史に対する誠意がいっさい感じられないと言わざるを得ません。

その土地に根付いた空間の質や佇まいといった数値化できない価値は、鋭い重機の先端であっさりと消し去られてしまうのです。修復して使い続けるよりも壊して建て直した方が経済的ですよ、というのは安易にすぎる考え方ではないでしょうか。

その点、アルハンブラ宮殿は違います。イスラムのタイルとカトリックの列柱が同

▲丘の上のアルハンブラ宮殿のスケッチ

▲緑豊かなアルハンブラ宮殿の全景スケッチ

居し、個性豊かな中庭が連続するかと思えば、さながらイングリッシュ・ガーデンのような庭園が現れる。さまざまな時代の色々な人たちの思惑によって建築に手が加えられています。一見スーツを着た男性が下駄を履いているかのようなミスマッチですが、でもそれでいい。むしろそっちの方が自然なんだと思います。

建築のもつ空間というのはそうした異物を受けいれ、同居させることではじめて魅力をもつはずです。じつに寛容な建築なんです。一つの装飾がもつ意味合いは時代によって違います。それらが同時に存在しているのがアルハンブラ宮殿の最大の魅力的な強度だと思うのです。

僕はスペイン特有の夏の強い日差しを木陰でしのいで、観光客を眺めていました。スペイン人の五人家族がはしゃぎながらこの世界遺産を散策しているのを見て、ふと「これはディズニーランドだ」と思いました。もちろんここにはミッキーやミニーはいません。スペースマウンテンもありません。でもこれこそ本物の歴史のテーマパークじゃないか、と感じました。その子供たちが羨ましいとさえ思った。脈々と流れる歴史的な時間がもつ魅力をイノセントな子供たちが体験できたら、どれだけ豊かな想像力を発揮することだろうかと。

そんな遠い過去を想像させる魅惑に富んだ建築は日本にもたくさんあります。奈良県の東大寺南大門がその一つ。圧倒的なスケール感。深い森に包み込まれるような空間体験。水平材としての貫を多用した木造の強烈な骨組みが、天井が張られていないため下から覗き込めます。構造体がそのまま露出しているから、見ていると潔さを感じます。

この南大門を建てた僧・重源という人の凄さは、大仏様という伝統的な寺院建築のスタイルを確立することで後世に伝わったといえるでしょう。

迫力ある構造体は、建物を支える力の動きを目に見えるようにしています。建築も女性と同じで、化粧をしすぎない方が美しいのかもしれません。むき出しの柱や梁を前に足がすくみますが、その壮観なエネルギーは、見る者を威圧するのではなく、優しく包み込んでくれる大きさなんです。阿吽の金剛力士像もそうした時間の厚味のようなものをわたしたちに伝えているように僕には思えてくるのです。

僕の実家は奈良にあるので、東大寺南大門には幾度となく足を運びました。そのたびにその存在感に圧倒されます。この門をくぐり抜けたであろう古の人たちへと想像が膨らみ、新しい発見がいつもあるその感じがとっても好きなんです。おじいちゃんやおばあちゃんの顔のしわがなんとも味わい深いように、建築もまた時を経て熟成した魅力を放っていると思っています。

▲東大寺の南大門

▲南大門の中（左）と南大門越しの大仏殿（右）

凱風館をつくるにあたっては、どうしたらこのような「いい歳の取り方」のできる建築が可能かをつねに考えていました。アルハンブラ宮殿や東大寺南大門のような時間に耐える強度をどうしたらつくりだせるのか。

そのために三つのことを意識しました。まず大事なのは、建物がつくり手と使い手に愛着をもって親しまれること。次に使用する材料をしっかり吟味すること。素材の質感が空間を決定づけるから。最後に、構造を隠さず露(あらわ)にすることによって、複雑でありつつも透明感のあるデザインを心掛けるということです。

床も壁も天井も真っ白に統一されたお洒落な空間は、写真映りはいいかもしれないが、それよりも大切なのは、「異物を排除しない多様性」だと僕は思っています。表面をただ白く塗られたような空間は、何かを隠しているかのようで本質的な美しさではないとさえ感じています。やはり、大事なのは素材そのもの。物質としての手触りがある寛容な建築こそが、手入れし続けることでいい歳の取り方をして、長生きをしてくれると信じています。

たくさんの人が集うであろう凱風館は、どんな人でもホッとできるような発見がある建築をめざしてつくられています。アルハンブラ宮殿や東大寺南大門のように。

今になって思うこと【21】

今でもアルハンブラ宮殿のように「時間に耐える建築」の魅力の本質は、「異物を排除しない多様性」にあると考えています。異物を排除しないということは、差異を認めて、受け入れること。それは、誰もが違っているという当たり前の前提を共有することに他なりません。他者と同じ価値観を持つことは決して容易ではありませんし、互いに議論して、認識を変えることで合意形成することもあるでしょう。しかし、他者の意見と自らの意見を論理的に戦わせることは、ときに排他的になってしまう。わかり合えない他者を排除することよりも、差異を認めた者同士が一緒に共同体を形成できることの方が魅力的に思えてなりません。似た者同士だけでずっと一緒に居ても息苦しくなることもあります。

いささか唐突ですが、似た者同士という文脈でいうと、世界中のショッピングモールがどこもかしこも同じような空間に均一化してしまっていることに異論はないでしょう。ロンドンであっても、ミラノであっても、東京であっても、ショッピングモールは似たような風景を世界中に量産しています。この現象は、グローバル資本主義経済のつくり上げた嘘の世界ではないでしょうか。東浩紀氏が『テーマパーク化する地球』（ゲンロン叢書、二〇一九年）で展開している考察は、こうした嘘の世界のなかに眠っている見えない真実をあぶり出すという点において、とても示唆に富んでいます。

こうして均一化してしまった空間は、時間に耐えられない建築だと思うのです。どこにでもあるから、強い愛着がもてない。建築が商品に成り下がってしまったことを意味しており、消費されてしまったら用無しになる。廃墟化した郊外のショッピングモールという現象がアメリカや日本に多くみられるのも、現代において必然的な風景です。弱肉強食の世界を勝ち抜いた種の進化という間違った強者のイメージを均一化したショッピングモールに見るのではなく、多種多様で、雑多なものが同居した寛容な空間にこそ生き生きした活動が生まれ、小さな時間が蓄積されていくと思っています。表層だけのテーマパーク化する世界が時間を止めようとした白くて綺麗なモダニズムと親和性が高いのに対して、経年変化を愛でることができる愛着のある建築は、時間を味方にした建築です。取り替えの効かない、特性の強い寛大な建築にこそ愛着が生まれるのではないでしょうか。

そういう意味においては、凱風館が竣工して丸八年が経ちました。生まれた赤ちゃんもランドセルを背負って小学校に通う年月です。僕は自信を持って凱風館の今の姿の方が、ピカピカの完成した時よりも好きだと言えます。空気の粒子が徐々に身体にフィットするというか、しっくりくるから。はじめは、どこか借り物のぎこちなさがありましたが、毎日のお稽古を重ねた結果、ずいぶんとみんなの身体に馴染んできたように思えることこそ、時間を味方につけたなによりの証拠かもしれません。

22 名脇役たち

大好きな映画監督のひとりにフィンランドのアキ・カウリスマキがいます。彼の映画が好きな理由は沢山ありますが、一つ挙げるとしたら、同じ役者さんとずっと仕事を続けているということがあります。役者さんの演技力の幅を作品ごとに楽しめるうえに、物語に欠かせない名脇役たちが全体の表情を豊かにし、どっしりと安心して観ていられる、そんな映画になっているからかもしれません。

いささか強引かもしれませんが、凱風館という建築も、主役である建築本体の柱や壁、あるいは空間に差し込む光などのほかにもじつに多くの要素から成り立っています。今回はそんな脇役たちについてお話ししたいと思います。

まずは家具。どんな部屋にも家具は必要です。なにもない部屋で人は生活することができませんから、家具は部屋での人の行動を決定する重要な要素の一つになります。

凱風館でひときわ力を注いだのが、書斎の本棚と客間サロンのベンチです。書斎は、内田先生が原稿の執筆をする大事な仕事場です。先人たちの仕事を参照するためにも、たくさんの書籍を収める必要があります。そこで本の収容能力もさることながら、知的好奇心を触発するような本棚のあり方を模索しました。

僕はひとの家に行くと、必ず書棚に見入る癖があります。というのも、書棚はその持ち主について多くのことを語ってくれるからです。書棚にずらっと並ぶ本たちが実際に読まれたかどうかは、じつはそれほど重要ではなくて、書棚に並ぶ本は「自分はこうした本を読むような人間でありたい」というその人の意思表示だと思うからです。こむずかしい哲学書から小説、詩集、写真集、カタログ、雑誌、マンガまで、あたかもその人の脳のなかを覗いているようで、面白いものです。

内田先生は、「本は自分の外部性に広がった世界を見せてくれる窓である」と言ったことがあります。本というものには、読むにしろ、読まないにしろ、本のある空間には自分を新しい領域へと誘ってくれる魅力があります。本と住まうということは、自分の今までの知的探求のアーカイヴ、あるいは、全人類の知的アーカイヴにアクセスできることを意味します。そんな内田先生の書斎は、高さ三メートル以上の棚が部屋を三六〇度ぐるりと囲むように設計しました。本の静かな声が聴こえるようにする

▲約1万2千冊の本が収められた本棚を背にした施主

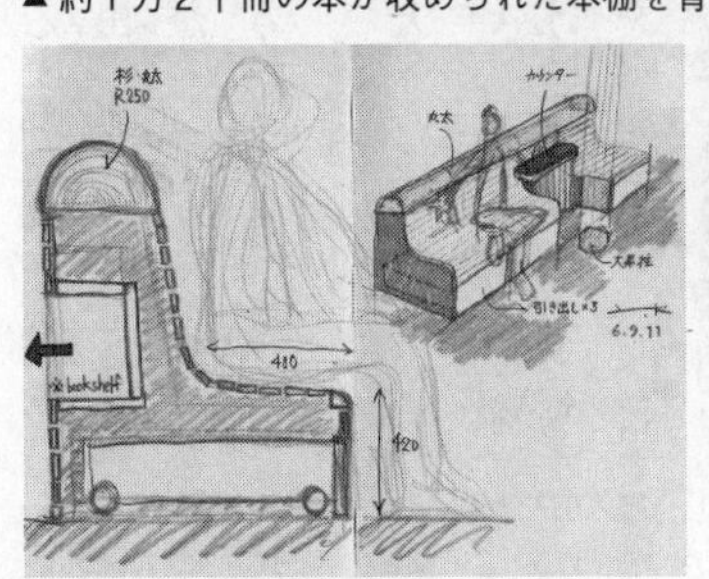

▲左）ベンチの初期アイデア・スケッチ　右）客間サロンのためにデザインされた杉のベンチ

ことを意識しました。梯子を使って本の出し入れをする上部には巻数の多い全集などを収めるように計画し、棚は（酸化鉄顔料である）黒と白のベンガラを混ぜてグレーに塗装しました。下部は雑誌やアルバム、大きな本などが入るように奥行きを深く確保して、落ち着きのあるダークブラウンに塗りました。本棚の上には蛍光灯を仕込み、間接照明の柔らかい光で書斎を包みました。

書斎から続く客間サロンには、ベンチがあります。天井の棟木に使っている美山町の杉の丸太と同じものを、ベンチの背もたれ上部に用いることで室内の統一感を図りました。人が肌で触れるものなので、杉材のカンナ掛けは角が取れるまで充分にやってもらい、丸太の年輪が綺麗に見えるように試行錯誤を重ねました。ベンチの足下は引き出し式の収納にして機能性を高めつつ、客人たちがゆっくりと腰掛けられるように設計しました。

道場で使う机も新たに計画したものです。内田先生は道場を利用して、私塾としての寺子屋を開催する予定です。畳の上で机と座布団を使って生徒さんたちと一緒に勉強します。使わない時はコンパクトに収納できるように、小さく折り畳める机の設計を依頼され、軽さや安定感を何度も検討し、試作を三度重ねて完成しました。

寺子屋机は三十卓をつくり、生徒さんたちには、授業料の代わりにマイ寺子屋机を

▲加子母村の工場で寺子屋机の試作品を確認する筆者

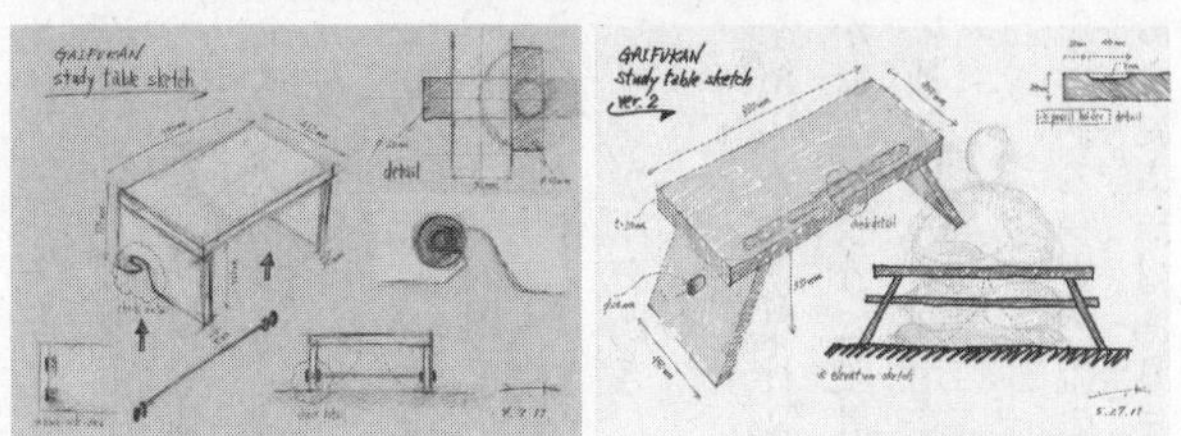

▲寺子屋机の検討を重ねた初期スケッチ

購入してもらうシステムになっています。

家具にもまして心地よい生活に必要な設備が空調です。凱風館ではPS（ピーエス）社のHR－Cという放射冷暖房システムを採用しました。何枚も連なる板状のフィンの中に水を循環させ、その水の温度を暖めたり冷やしたりすることで、室内の空気をいつでも一定に保つことができる画期的なシステムです。

この効果は、いわゆる空調機のそれとは肌合いがまったく違います。空調機から冷たい空気や温かい空気が吹き出すのとは異なり、PSは室内環境を放射熱によって上げ下げするので、ホコリを巻き上げることもありませんし、たいへん心地よいのです。夏場は室温よりも冷たい水を循環させるため、フィンが汗をかき、湿度まで下げてくれる優れものです。

凱風館の書斎と客間サロンの間に四メートルを超える大きなHR－Cが設置されています。この大きな部屋の空調をこれ一台でまかなえるように設計してありますが、夏場にたくさんの人が宴会をする時などのために補助用の家庭用空調機もスタンバイしています。

このPSがあるおかげで、凱風館の二階は一年中ある一定の幅のなかに気温を保つようになっています。機械からの距離で幾分温度差にムラはありますが、極端に暑か

▲プライベートのキッチン・ダイニングに設置されたPS社のHR-C（ホワイト）

▲道場の床下にびっしり敷かれた画期的な新素材、オルガヘキサ

ったり寒かったりしないので、すごく快適な生活を送ることができます。

まだまだあります。凱風館では「オルガヘキサ」の導入も試みました。この聞き慣れない名前は、再生繊維のフェルトを炭素化することで防虫、防湿、防臭などの効果をもたせた新しい素材のことです。

昔から日本の木造住宅の最大の敵は湿気だと言われています。基礎に潜む湿気が土台を腐らせたり、結露から来る湿気がシロアリ被害につながったりします。湿気対策には、炭を床下に敷く埋炭（まいたん）という昔からの知恵もありますが、オルガヘキサは独自の技術で炭よりも細かい気泡を持つ植物性繊維を布状に炭化させたものなんです。

備長炭の四倍の吸収力を実現したオルガヘキサは、水分や悪臭を吸収してしまうのみならず、電磁波など人の身体に良くないものもしっかり吸収し、結果的に血液循環も良くしてくれるというから驚きです。この新素材を、友人の厚意で提供してもらい、七十五畳の道場の床下に敷き詰めました。凱風館の基礎の上にすきまなく敷かれたオルガヘキサの黒い絨毯が、湿気や虫、電磁波などから建物と人を守ってくれるのです。

最後にエネファームをご紹介します。

二一世紀の建築は、環境への配慮がとても重要な要素となっています。地球の自然環境にできるだけ負荷をかけない建築を目指すべく、さまざまな研究が進んでいます。

エネファームというのは、家庭用燃料電池コージェネレーション・システムのことです。名前は長いですが、簡単に説明すると、まず都市ガスなどから燃料の水素を取りだし、空気中の酸素と反応させて発電します。その発電の際に生まれる熱で給湯もまかない、配電のロスも少ない合理的なシステムです。

凱風館の二階、プライベートなお風呂や台所、和室の床暖房をエネファームのお湯でまかない、その際につくられる電気で毎月の電気使用量を減らすことに成功しています。まだ発展途上の技術ですが、こうした環境に対する最大限の配慮は今後の建築設計にはますます欠かせません。

複雑に構成された建築にとって、家具や設備機器、素材などが担う役割はとても大きなものです。主役の演技を引き立てるのは、こうした名脇役たちの支えがあってこそなのです。建物は、設計したら「はい終わり」ではありません。全体のバランスを意識して丁寧にすべてのパーツをつくっていくことを凱風館では心がけました。それがカウリスマキ監督の映画のように、多様で面白い物語を伝えると信じて。

今になって思うこと【22】

映画になぞって名脇役という言い方をしていますが、建築を構成する要素は家具から設備機器まで本当にたくさんあります。なかでもここで語られているＰＳは、じつに優れものであり、前章で述べた「時間に耐える建築」について考える上でヒントになります。というのも、デザインの持続可能性というのは、現代において欠かせないテーマの一つであり、長く時間に耐える建築というのは、メンテナンスも考慮して、設備的に優れていなければなりません。地球と関わることだからです。サステナブルな建築は、しっかりと断熱することで外気の影響を受けないように設計されています。凱風館では、気密性にも優れたアイシネンという発泡する断熱材を使用して、外部の熱気や寒気が内部に伝わらないようにしました。断熱のしっかりできた家は、冬にダウンジャケットを着ているようなものなので、空調も効率よく効きます。

そこでＰＳの話ですが、この効果が発揮されるのが、ジメジメした夏の日でも、放射熱によって冷やすので、室内がカラッと涼しいということなのです。室内空間の熱い感じと寒い感じというのは、気温だけでなく、湿気とのバランスで決まってきます。ヨーロッパの夏は気温が高くてもそれほど不快に思わないのは、湿気が低いからなのです。一般的な空調機が熱い空気を冷やして、室外機からガンガン熱風を出しながら、室内に冷風を吹き込むのに対して、PSの冷やし方は、冷やされた水を循環させることで熱を放射するところに特徴があり、エネルギー効率がバツグンに良い。冷たい水の入ったコップが汗をかくように、PSも積極的に汗をかかせることで、部屋の湿度も下げてくれるのです。

もう一つ時間に耐える建築について考える際に忘れられないのが、メンテナンスのこと。外部の塀の塗装を塗り重ねたりすることや、古くなった部品を取り替えることがあります。凱風館は、三年目に道場の畳を早々と入れ替えました。じつは、初代の畳は合計三種類の長さの異なる畳からできていました。というのも、畳と畳の境目が、柱と柱の境目にバシッとくることが、とても大事だと思ったからです。しかし、合気道をしていると内田先生は「三間先を見る」という具合に畳の長さ（一間一八〇センチ）を基準にお話しされることがあるのですが、初代の畳はそれぞれに長さが違うので困ってしまいます。空間認識において、柱と畳のラインをバシッと揃えるといった視覚的な効果を最優先していたことを反省しながら、二代目の畳はすべての畳を同じ長さにしました。加えて、すべてが同じ長さになったことで、中央のよく磨り減った畳を端っこの綺麗な畳と敷き替えることができるという自由度が上がりました。こうして畳をメンテナンスすることで、いまでも道場には気持ちの良いい草の香りが漂っています。ひとが物質に生命力という命を吹き込むのではないでしょうか。なんでもしっかり愛を込めて手入れすることは、建築を小さく更新していくということであり、それこそが時間に耐える建築をみんなで育てていくことであると凱風館はいつも教えてくれています。

23 魂の画家・山本浩二さん

孤高の天才ピアニスト、グレン・グールドがブラームスの『インテルメッツォ』を弾いた名盤があります。僕は集中して作業したいときに、このCDをよく聴きます。異様なまでに低い椅子に極度な猫背で座るグールドの指は奇跡のように鍵盤の上を踊り、紡ぎだされた音楽がどれだけ深いインスピレーションを与えてくれることか。

僕が大学で「設計演習」というバウハウス教育のような実習形式の講義を受けていた山本浩二画伯とある日電話でグールドの音楽について熱く語り合っていました。卒業してからミラノで再会して以来、三年以上直接お会いできていなかったものの、こうして半年に一度くらいのペースでお電話していました。その他愛もない一本の電話が実はすべての始まりでした。

凱風館の建築には沢山の〝モンスター〟たち（最大限の敬意をこめての表現です。念のため）が携わっています。僕はそんな皆さんとしっかりと対話を重ね、がっちりとスクラムを組んで一つの建築を完成させようとしてきました。

足掛け二年を費やして一つの建物を作り上げていくことはもちろん、強烈な個性をもつ最高のプロフェッショナルたちと一緒に仕事をすることができたことは、僕が建築家としてこれからも生きていくためのなによりの糧となっています。

そのなかに、この人がいなければなにもスタートしなかったといえる人が一人だけいます。その人こそが山本浩二画伯です。すべては画伯から始まって、点と点が結ばれ線になり、さらに多くの線が引かれて面に、それも強靭な面になってつくられているのが凱風館といえます。

山本浩二画伯は、神戸と東京、ミラノを拠点に油彩の抽象絵画を描く画家です。大阪で子供の画塾を主宰しながら、早稲田大学などで講師として学生たちにも教えています。独特な切り口で芸術の神髄をレクチャーする画伯は、教え子たちからも絶大な人気があり、多くの人に慕われています。

ベルリンから帰国して間もない頃のことです。僕は出たばかりの『日本辺境論』（新潮新書、二〇〇九年）を読んで、内田先生の本のなかで最も強い感銘を受けました。アメリカで生まれ、海外生活の長かった僕は、日本とはいったいどういう国なのかを

▲山本浩二画伯、凱風館「老松」の前で

いつも考えていたからです。

色に喩えるとわかりやすいかもしれません。仮に日本が「赤」で、ドイツが「青」だとします。四年間弱のドイツ生活を通して、僕のなかの赤色は端っこから少しずつ青色と反応して紫になっていきました。異文化に触れながら紫色が強くなっていくにつれて、いずれは赤がなくなり、青で満たされてしまうのではないかと思っていました。そうした刺激的な新しい生活を求めて欧州に来たわけですから。

しかし、じっさいは少し違いました。むしろ自分のなかにある赤がより強く発光し、青に対する敬意はあるものの、自分のなかの赤、つまり「日本」を徐々に強く感じるようになったのです。母国、日本で建築家として生きていこうと、帰国を決意したのは二十九歳のときです。

そんな時に読んだ『日本辺境論』は、いろいろと腑に落ちる文章が続き、おもわず膝を叩いて納得するエキサイティングな読書体験だったことを鮮明に覚えています。

その興奮を伝える相手として、内田先生の本の装幀を多く手がけている山本画伯が脳裏に浮かび、さっそく電話をかけたというわけなんです。画伯が内田先生と中学校時代からの古い友人であることもそのときはじめて知りました。

帰国してからの近況を報告しているうちに、話題はどんどん広がりました。会話が

▲2009 年の山本浩二展、ロレンツェッリアリテ、ミラノ（撮影：宮本敏明）

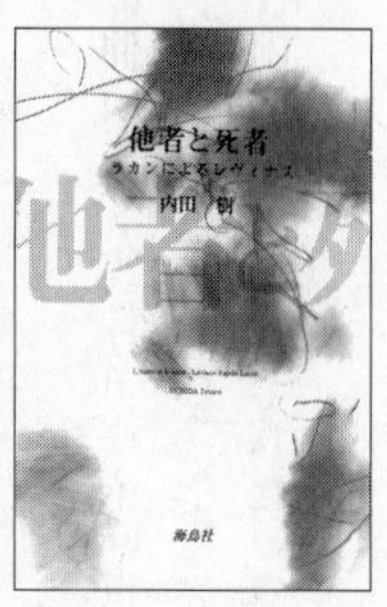

▲画伯の装幀による内田さんの著作『ためらいの倫理学』（冬弓舎）と『他者と死者』（海鳥社）

もっとも盛り上がったのは、山本画伯が電話越しに僕の聴いていた音楽に反応した時です。

「光嶋くん、今、もしかしてグールド聴いてるの？」

「えっ、はい、そうなんです、最近よく『インテルメッツォ』を聴いてるんですよ」

「いいねえ。僕も好きなんだよ」

そこから話はジャズについて展開していきました。

当時、僕はグールドを聴きながら、幻想都市風景などのドローイングを描いていたのですが、なんと画伯もその時まったく同じCDを聴きながら絵を描かれていたのです。このグールドの嬉しいシンクロが深く記憶に刻まれました。

その数週間後、今度は山本画伯から電話がかかってきました。

開口一番「光嶋くん、麻雀打てる？」と聞かれて「？」が頭のなかを飛び交います。

「学生時代は打ってましたけど、どうしてですか？」

「いや、じつは内田君は麻雀が好きで、月に一回自宅に仲間を呼んでワイワイ麻雀を打ってるんだ。この前、光嶋くんの話をしたら、今度呼んできなよ、って言うんだよね」

「えっ、本当ですか？　麻雀は七年ぶりですけど、ぜひ内田先生に会ってみたいので連れていってください」

と即答しました。

こうして二〇〇九年の暮れに、甲南麻雀連盟の定例会「打ち納め」に参加させてもらいました。山本画伯も内田先生が道場を建てたいと考えていることは知っていたでしょうが、まさか初対面でドイツ帰りのよく喋る青二才に設計を任せるとは夢にも思っていなかったでしょう。でも、内田先生は驚いたことに、たった一回しか会っていない僕にその場で道場の設計を依頼してくれたんです。

内田先生から最初に出た要望には、小林直人さんの杉を使った木造の道場／家であることに加えて、室内に飾る絵画はすべて山本画伯のものにしたいということがありました。つまりこの建築は山本浩二ギャラリーでもあるのです。

さらになにより大切なのが、道場の畳をめくって能舞台として使う時の背景画「老松」も、当然、山本画伯に描いてもらいたいという依頼でした。

これはとんでもない依頼です。内なる創造力の源と対話しながら創作活動を展開する芸術家に対して、外から依頼して作品を描いてもらうということは、誰にでもできることではありません。ジャズ・クラブでミュージシャンに気軽にアンコールを一曲リクエストするのとはわけが違います。それ以来、僕はどんな作品が生まれるのかずっとワクワクしていました。

画伯は、ご自身で納得のいくものしか描かない本当にストイックな方ですので、「老松」というテーマを与えられて、ずいぶん苦闘したようです。納得のいく造形を探し求めて何度も旅に出て、日本各地の能舞台や松の木を実際に見て歩いたのです。僕も京都の能楽堂や出雲大社に樹齢千年の松を一緒に観に行き、画伯のなかに脈々と流れる「老松」への深い想いを近しく共有させてもらいました。

山本画伯の絵画はとにかく生命力に溢れています。抽象的な絵ですから、見る者がそれを発見するために描かれているといえるのかもしれません。

植物の幹や枝葉がもつ造形を徹底的に観察することから、画伯の創作は始まります。土から芽が出て、双葉を広げようとする、まさにその瞬間の造形を抽出しようとして、エスキース（下絵）を進めていきます。考え抜かれた構成を画面の上に描くことで、そこに空間が立ち上がってくるのです。

線が浮遊し、エネルギーが伝わってきます。飾られた場所の空気が運動します。絵は二次元ですが、画伯の場合は三次元の世界が見えてくる、そんな奥行きをもっている。と同時に、長い時の風雪に耐えた存在である「老松」には、どこか「死」を予感させるものがあります。「生」と「死」という相反するものが同居する絵画を目指した「老松」が、山本画伯によって凱風館の能舞台に描かれようとしています。

▲出雲大社で松をスケッチする画伯（撮影：谷口るりこ）

▲出雲大社にある3本の樹齢千年の松（左）／幾重にも積層した樹皮（右）

今になって思うこと【23】

昨年（二〇一八）母校の早稲田大学に非常勤講師として呼ばれ、三回生の設計演習という授業を担当することになりました。なんと山本画伯と一緒に教壇に立つことになったのです。僕が山本画伯からこの授業を受けたのが二〇〇〇年ですから、十八年の歳月を経て、まさか自分がこっち側に来るなんて、夢にも思いません。

卒業して以来、足を踏み入れることがなかったキャンパスには、懐かしい甘酸っぱい風が吹いていました。鉄筋コンクリート造の五十六号館は、窓に格子状の鉄骨構造で補修こそされているものの、なにも変わらないでそのまま建っていました。一〇四号室も、変わったのはせいぜい新調された机くらいで、本当に時間が止まっているような錯覚を覚えました。十八年のタイムスリップを楽しみながら、学部三回生たちと毎週楽しく授業をしました。四人の先生がそれぞれ課題を出して、学生たちの提案に対して模型や図面、スケッチを見ながらああでもない、こうでもないと建築の議論を戦わせるのです。

建築を学ぶ学生にとって学部の三回生というのは、本格的に設計教育がスタートする学年です。多くの課題にチャレンジしながら、自分でコンセプトを組み立てて、論理的に思考し、デザインを磨いていくトレーニングが始まります。当時の僕にとってもいよいよ三回生になったんだ、という特別な実感があり、建築家への道も本気モードに突入した感覚がありました。

山本画伯は、高校生の時から画家になりたかった僕にとって、はじめての生身の絵描きでした。自らの美学を筆一本で表現する世界で戦う山本画伯には強い憧れがあり、とにかく第一印象からものすごく格好良かった。授業が終わってすぐに、僕は旅のスケッチブックを見せに教壇まで行きました。授業時間が終わっているにもかかわらず、画伯は一枚一枚丁寧にスケッチを見てくれましたが、「これは構図が甘い」だの、「これは陰影にばらつきがある」だのと指摘されたのをはっきりと覚えています。それまで僕はスケッチブックをいろんな人に見せてきましたが、褒められることはあっても、なにかを指摘されたことは、ただの一度もありませんでした。天狗の鼻があっさりと折られましたが、なんだか嬉しかった。この時、山本画伯は僕にとってのロールモデルとなりました。

山本画伯との出会いがなければ、凱風館が建つことはなかったかもしれない。現在から過去を振り返ると、本当に嘘みたいな奇跡的な瞬間の重なりが、今の自分の生活を形づくっていることに驚きます。僕たちの日常が偶然性の上に成り立っているということは、「いまここ」の瞬間をたいせつにすることにも繋がります。偶然性を受け入れるということは、予測不能性を不安がるのではなく、むしろ楽しむこと。つまり、予定調和な因果関係ではなく、どうなるかわからない時にこそ学びのチャンスがあり、ブレイクスルーのきっかけがあると信じています。そのために自らの回路を開き、普段から多くの他者と接することがなにより大事なのではないでしょうか。世界は広い。自分の枠を決めてしまわずに、新しい自分を見つけるには、やはり他者との対話しかない。自分の殻に閉じて物事を打算的に考えていても、人生は思い通りにならないし、それでは人は成熟することが難しい。凱風館の魅力もまた、内田先生を中心とした自由なご縁の集まりと、偶然性に満ちた学びにあると断言できます。合気道を中心にした開かれた学びの場なのです。

母校の設計演習の授業で毎週顔を合わせている学生たちの向こうには、昔の自分の姿が見えることがあります。幸運にもそのような役回りとなった今、僕にできることは、十八年前に画伯がしてくれたように、彼ら彼女たちの背中を厳しく、かつ優しく押してあげることしかありません。

24「鏡」としての「老松」

長い準備期間を経て、二〇一一年八月、いよいよ画伯の「老松」の制作がスタートしました。

高さ二・四メートル、幅一・六メートルの檜の板を二枚合わせて、三・二メートル幅の大きな板にします。この板を天井のレールに吊り、左右にスライドできるように設計しました。

合気道のお稽古の時は左右の壁の中に収納され、能舞台として使われる時には左右から引っ張り出して、中央に「老松」がその姿を見せるように設計しました。

描き始める前に、まずは檜に下地処理を施します。絵具メーカーのホルベイン社の全面的な協力の下、処理方法を何パターンも試して、加子母村の檜に着色できるようにしました。下地処理をしたあと白色を下塗りしてから、緑のトーンをつけ、いよいよ「老松」は描き始められました。

画伯の絵には珍しく、筆のタッチが生々しく残るように深い緑が塗り上げられます。これだけ大きな作品ゆえの工夫でしょう。また、上部には墨を流し、下部は檜の肌がそのまま残されています。この緑のベースを塗り上げるまでの作業は、中島工務店の本拠地・加子母村で続けられました。なにしろ大きな絵ですから、墨を流すのも乾燥させるのもひと苦労。重さも一枚の板が一〇〇キロを超えています。

この第一段階を仕上げるのに、画伯は夏の六日間、加子母村にこもりました。十月になってついに「老松」が凱風館に運び込まれ、山本画伯も現場に入ります。運び込まれた「老松」の圧倒的な存在感で、道場の空間にピリッと緊張した空気が流れました。ブルーシートで囲んだ絵の前には、絵具、筆、バケツやトレーが並べられ、さながら画伯のアトリエです。描き貯めてきた沢山のスケッチを床に並べて、現場での作業がいよいよスタートする。

大好物であるあんパンの傍らには、画伯が史上最高の「老松」だという京都・養源院にある俵屋宗達による襖絵「松図十二面」の絵が収められている画集もありました。画伯はこの宗達の残した松の絵画的実験、その革命的な造形の成果について、夜な夜な熱く語っていました。

山本画伯のお顔は、ふだんからキリッとシャープに引き締まっていますが、ひとた

▲加子母村で第1ステージが完了した「老松」

▲スケッチ片手に構図を何度も確認

▲丹念に描き込まれていく（撮影：谷口るりこ）

び鉢巻きをして戦闘態勢に入ると、それはちょっと近寄りがたい強いオーラを放ちます。話しかけるのがためらわれるほど鋭い眼差しです。

背中で大工さんがトントンカンカンと音を立てて工事をしていようが、鋭い眼差しと人並みはずれた集中力で作品と向かい合います。何度も何度も道場の中を行ったり来たりして、全体の構図を確認し、エスキースを入念に重ねていきます。

そして筆はゆっくりと進んでいきます。ゆっくり過ぎてついにはただの一本も線を引かなかった日もありました。現場に着くなり黒い大きな画板を持って、「ちょっと夙川（しゅくがわ）の公園で松をスケッチしてくるわ」と出かけていくこともありました。そうやって模索に模索を重ねて、くる日もくる日も大きな空間と対話しながら丹念に描いていきます。

そのうちに、凱風に吹かれて芽を出した若芽がもつ生命力が表現され、みるみる画面が躍動していきます。

そうやって命を削るようにして産み落とされたのが、建築現場とは完全に異質の空間です。それはもはや、凱風館の「老松」なのです。

画伯が凱風館にこもっていたのがちょうど仕上げ工事の時期にあたっていたため、ほぼ毎日現場に通っていた僕は、幸運なことに画伯の「できたよ」という言葉とともに、完成した作品を作者の次に見ることができました。

▲道場の畳がめくられて、姿を現した能舞台と完成した「老松」

完成した「老松」を見た瞬間、ハッとしました。まさにパズルの最後のピースがパチッと綺麗にはまったような感覚です。七十五畳の空間が一瞬にして倍に広がったように見えました。画伯が描いた「老松」のなかに、道場と同じだけの空間の広がりを感じたのです。達成感と安堵に満ちあふれた山本画伯の優しい表情も脳裏に焼き付きました。

「老松」は道場の空間を呼吸し、まるでそこに鏡があるかのように空間全体を内に取り込んでいて、まことに堂々とした風貌でそこに存在していました。エッシャーの騙し絵のたぐいとは違います。画伯がそこに確かに空間を描いているからこそ、奥行きが生まれて、「鏡」のように迫ってきたのです。いまにも絵の中に入っていけそうだった。

僕はそれまで絵画を見てこのような体験をしたことがありません。それほど強烈に語りかけてくる、はじめての衝撃でした。

建築は敷地という特定の場所があってはじめて成り立ちます。凱風館の道場に佇む山本画伯の「老松」を見て、絵画もまた特定の場所のために命を与えられ、存在するんだということを強く思い知らされました。この「老松」を画伯は自分のアトリエで描くこともできました。しかし、最終工事でバタバタしている時期にもかかわらず、わざわざ現場に「老松」を運び込んで、実際の空間の中で描き上げる必要があったんです。なぜなら、この場所だけのために描かれる特別な作品だから。凱風館にある山本画伯の「老松」は、いわゆる能舞台で見られる具象絵画としての「老松」とは様相をまったく異にしています。しかしそれは、能を舞う演者にとって、自身のパフォーマンスを向上させる緊張感を放つもののはずです。深い森のごとくひっそりと、しかしずっしりとした存在感をもって佇んでいるこの「老松」の前では、のびのびと能を舞うことができるのではないでしょうか。この絵の中には間違いなく山本画伯の強い生命力がたしかに宿っています。

今になって思うこと【24】

山本画伯が凱風館のために描いた「老松」は、画伯にとってはじめてとなるコミッション・ワークでした。つまり、内田先生が道場の敷き舞台のための老松を描いて欲しいと具体的に描く題材を指定して依頼したわけです。本来画家というのは、自らの内的欲求から描く対象を考え抜いて決めます。山本画伯も当初は「Another Nature（もう一つの自然）」というテーマを中心に抽象絵画の世界を模索しながら創作していました。それが、凱風館で老松を描き上げたことで、画伯にとっても新しい地平が開かれることになりました。老いた松という具体的な造形のあるものを抽象的に描き出すという壮大な挑戦は、画伯にとってもたいせつなテーマとして深く内在化していったのです。

凱風館の老松を描いた画伯は、「はい、終わり」ではなく、その後もずっと老松というモチーフに挑戦し続けました。二〇一六年のミラノでの個展では大理石で設えられたギャラリーにて老松シリーズを展開し、西洋の空間との美しい対比を実現しました。今年（二〇一九年）の秋には、山口県萩市にある熊谷美術館にて『雪舟と山本浩二』という展覧会が企画されるほど、老松は山本画伯にとって揺るぎないモチーフとなりました。加えて、凱風館の老松のために描いた原寸大のラフが、金沢能楽美術館のコレクションに入ったという嬉しいニュースも飛び込んできました。

さて、山本画伯の老松を僕は「鏡」であると本文に書いています。本当にそう思えたからです。二次元の絵画に、あるはずのない奥行きがはっきりと感じられ、まるで中に入っていけるのではないかと思うほどの美しい浮遊感を持っているのです。画伯の絵が飾られた空間を一気に変容してしまう力があるのもこの美しい浮遊感によるところが大きい。

道場の正面の壁の中央には、合気道のお稽古をしているときは、創始者である植芝盛平大先生のお写真が飾られていますが、それを取り外し、ひとたび畳をめくって、両方の壁から老松をスライドすると、道場の空気が一変します。スーッと道場に新たな表情が与えられるのです。場を一気に変容させる力こそ、山本画伯の絵画の一つの到達点だと思います。それは、この老松が圧倒的に美しいことで獲得した強い生命力のようなものであり、かねてよりテーマにしていた自然的なものと超自然的なものが融合することで、超越的なものとして観る者に迫ってくるのです。

僕は凱風館の老松を前にすると、その生命力をビシバシ感じ、いつも背筋がピンとする想いがします。良質な芸術は、常に体験者のなかに眠るなにかを「つくりたい」という気持ちに共鳴するもの。このように制作意欲が伝染するのは、芸術の本質的な役割であり、凱風館に老松という異界への「窓」があることは、みんなを幸せにしてくれる画伯からのたいせつな贈り物だと思っています。

25 「凱風館竣工記念」マラソン

四二・一九五キロという距離をただ走るだけなのに、マラソンというスポーツの魅力はたいへん奥深いものがあります。僕は小学生の時に野球を、中学校と高校ではバスケットをやっていた根っからの球技好きです。しかし、チーム競技ばかりやってきた僕がひょんなことから走るという個人競技の虜（とりこ）になってしまった。

二〇〇五年の秋、ドイツに住んでいた時のことでした。同じ設計事務所で働く友人マークが「ベルリン・マラソンを走るんだ」と、ランチを食べながら熱く語りかけてきました。マラソンという、僕には想像もつかないことをやる人間が身近にいたことに驚き、また彼の勇姿が見たくて、当日の日曜日、家の近くまで応援に出向きました。

街はお祭りのように朝から活気づいています。マークは事前に指定した時間ぴったりに、僕のいる八キロ地点に現れ、風を切るように颯爽と走り去っていきました。ほんの数秒の間だったのでなんだかもの足りず、さらに自転車で先回りをして、マークの応援を続けることにしました。

すると三十キロ地点で先頭を走っていたのは、小柄な日本人女性ではありませんか。野口みずき選手です。僕は興奮のあまりしばらく自転車で並走してみましたが、立ち漕ぎをしないと置いていかれるほどの、ちょっと信じられないスピードでした。野口選手はそのスピードを維持して四二・一九五キロを走り抜き、見事に優勝しました。

その二時間後に、マークも必死の形相で汗だくになってゴールしました。僕は純粋に感動しました。人間が体力の限界に挑む姿がまぶしかった。そして、単純な僕はすぐに決意します。よし、来年、俺も走ってみようって。

なにもわからないまま練習を重ね、僕は翌二〇〇六年と二〇〇七年のベルリン・マラソンに参加し、二回ともなんとかゴールインしました。正直、タイムなんてどうでもよかったんです。あれだけの距離をあれだけの時間をかけてひたすら走り続けることの圧倒的無意味さに、僕は最高の達成感を味わいました。

たえず練習していないと、長い距離を速く走り続けることは絶対にできません。マラソンを完走するためには、くる日もくる日も走って、足腰と心臓をいじめ抜いて鍛えなくてはならない。一流のピアニストでも毎日鍵盤を触らないと実力や感覚が衰えていくように、マラソンもまた自分に嘘のつけないスポーツです。

そして、四二・一九五キロという距離がまた実に絶妙なのです。脚が棒のようになる「三十キロの壁」は誰もが経験しますが、そうした目に見える苦難を、誰のためにでもなく、ただ自分のためにクリアーしていく、競うのは他のランナーではなく昨日の自分、そんなスポーツがマラソンです。

日々の積み重ねが、結果として表れるという点で、マラソンと建築は似ているように感じます。マラソンは、走り込みをすればするほど継続して走れる距離は必ず長くなるし、ペースも少しずつ速くなります。身体の脂肪も減り、徐々に引き締まっていきます。逆にさぼるとすぐに鈍っていく。

嘘がつけないということ。ボタンを掛け違えると取り返しのつかない大変なことになること。そうした努力と成果の関係がじつにシンプルな点で、建築はマラソンに似ていると思うんです。

建築も一つひとつ丁寧に設計し、職人とのコミュニケーションの精度を磨き、丹念につくりこんでいきます。マラソンで突然サブ4（四時間を切ること）を達成することはできないように、建築もいつの間にか完成していたりすることはありません。

二〇〇五年のベルリン・マラソンで優勝した野口みずき選手は「走った距離は裏切

▲「凱風館竣工記念たすき」には内田先生、山本浩二画伯、山田脩二さんにもメッセージを書き込んでいただいた

▲凱風館竣工を記念して、スペシャル「たすき」を掛けて第1回大阪マラソンを走る

らない」という名言を残しています。マラソンというスポーツの神髄を簡潔に表している言葉だと思います。

さて、凱風館の工事が始まって間もない頃に第一回大阪マラソンが開催されることを知りました。しかも凱風館の竣工予定日とまったく同じ日です。「これは！」と思ってエントリーしてみました。

東京マラソンの抽選に三年連続で外れている身としては、あまり期待していなかったのですが、結果は当選。二年ぶり四度目のフル・マラソンです。

凱風館の工事がピークを迎える忙しい時でしたが、少しでも走る癖をつけるために、自宅の近くにある目黒川沿いを毎日深夜に走っていました。この挑戦を、内田先生をはじめみなさんに応援してもらいたくて、白いたすきを準備して「みんな」にメッセージを書いてもらいました。

十月三十日の朝九時、三万人弱のランナーたちが大阪城公園を一斉にスタートし、四二・一九五キロの旅に出ました。

前の年の夏にドイツで購入したドルトムント香川真司選手のサッカー・ユニフォームを着て、たくさんの声援を受けながら御堂筋通りを走り、大阪ドームを横目に一路

撮影：山岸剛

海岸沿いに抜けていきます。ランナーたちのスニーカーの底がアスファルトの地面を蹴り上げる乾いた独特な音が響くなか、一歩一歩前へ進んでいきます。

ふだんは車が通る道を走っているので、大阪という街がなんだか身近に感じられました。時速九キロくらいの、このスピード感が都市を観察するのにはちょうどよい。散歩ほど遅くないし、自転車ほど速くはない。だから街の表情がゆっくり変化していくのを読み取りながら、走りが楽しめる。三十キロを過ぎるとそんな余裕もなくなり、ただただゴールを目指すだけで精一杯になるのですが。

沿道の声援もさすが大阪、元気いっぱいで声も大きく、ずいぶん後押しされました。辛くなった時には寄せ書きしてもらったたすきをギュッと握りしめ、凱風館の工事を思い出しながら走りました。晴天の地鎮祭からはじまって、地盤改良、基礎工事、建て方、そして上棟式、仕上げ工事と、いわゆる「走馬灯のように」ってやつですね。

一つの建築が「みんな」の共同作業で完成することを思えば、四二・一九五キロを走ることなんてへっちゃらです。そう自分に言い聞かせてどうにか走り切りました。

完走者には御堂筋のイチョウをモチーフにしたメダルが配られますが、僕にとっては汗をたっぷり吸い込んだこのたすきこそが、なによりの宝物となったことは言うまでもありません。

今になって思うこと【25】

建築家はなんでも記念にしたがる気質があるように自覚しています。凱風館竣工記念として第一回大阪マラソンを走り、その二年後には入籍記念として第三回大阪マラソン（二〇一三年）を走りました。しかし、これを最後に、もうマラソンを走らなくなってしまいました。言い訳をすると合気道のお稽古をするようになったからです。というのも、「ひたすら走り続けることの圧倒的無意味さ」こそ、マラソンを走るきっかけだったのですが、ことタイムを気にするようになったり、運動不足解消のダイエットのためだったりすると、走ることができなくなりました。急に億劫になってしまったのです。無目的に始めたからこそ長く続けられる。僕にとっては、マラソンのために走ることを日常的にすることよりも、合気道のお稽古を日常的にすることの方が自然とたいせつになったということかもしれません。

この無目的に何かを始めるということの強度は、決して侮(あなど)れない。目的を持って始めたことは、その目的を達成してしまうか、達成できないかで、その後は飽きてしまうため、三日坊主になりがちです。しかし、当初のマラソンがそうであったように、今の僕にとって、なぜ合気道のお稽古をしているのかを明確に答えることができないからこそ続けられているのだと思います。合気道をやらないといけない理由が「わからない」からこそ、日々お稽古していて新しい発見があり、素直に「面白い」という感覚がずっと持続する。

僕が学生時代からずっと続いていることとして、旅に出てスケッチすることがありますが、それもまた、明確な目的があるから続けられているというより、むしろ純粋に楽しいことであるから続けられている気がします。〇〇のためにという因果関係を動機にすることは、むろん単純に好きだからということの邪魔になることがあります。わからないからわかりたい、そんなシンプルな欲求に身を任せてとことん没頭していくことの喜びと豊かさは、続けることでしか味わえないもの。

マラソンを続けていない理由をこうして語れるということは、僕がそれほど走ることが好きで好きでたまらないというわけではなかったことの証拠かもしれない。一流の登山家は、そこに山があるから登ったというように、山を登る理由を求めてしまうことは、ただただ山登りが好きで、無我夢中になれないからこそ、理由が欲しいのかもしれません。健康のためであるとか、シェイプアップしたいとか……。ゲームが成立するのにルールが必要であるように、はっきりとした理由があるからこそ人はなにかを続けられるわけではありません。実際のところは、むしろ無目的であるからこそ頑張れるのではないでしょうか。そして、いまの僕は合気道に出会えたことで、なにか具体的な目的を達成したいというのではなく、ただただ自分の身体の「わからなさ」と素直に向き合いながら楽しくお稽古することを嬉しく思っています。きっかけがなんであれ、無目的に没頭できることがある人生は、幸せなもの。根っからのスポーツ少年だった僕は、将来自分が合気道という武道をやるだなんて夢にも思いませんでしたが、自分の没頭できるものは、心の目で見れば、意外とすぐ近くにあるのかもしれません。きっかけなんてなんだって良いのですから。

26 みんなの家。

二月からはじまった凱風館の工事は、九ヵ月後、無事に竣工しました。「まるで愛娘を嫁に出すような気持ち」、それが処女作を産み落とした僕の率直な感想です。僕は結婚したこともありませんし、ましてや子育てとはまだ無縁のところにいます。それなのに僕は、日々出来上がっていく凱風館という建築を、まるで母親のお腹の中で十月十日を過ごす胎児のようだと感じていました。その感情は親が子を想う、無償の愛の形に似ていると思います。

そう、わくわくする高揚感と緊張感の同居した、なんとも素晴らしい日々の果てに、一つの建築がとうとう神戸に姿を現しました。

二〇一一年十一月十二日、凱風館竣工。忘れもしないその日は、秋晴れの下で朝からオープンハウスを実施しました。事前申し込み制にもかかわらず、この凱風館の物語を連載させてもらった「ほぼ日」の読者さんもふくめて、多方面から見えた四〇〇名以上ものお客さんに、凱風館の内部をゆっくりご覧いただきました。

鍵の引渡から始まった内覧会のあと、夜には完成を祝して能が演じられ、施主・建築家・工務店社長による寺子屋鼎談もあり、最高のお披露目となりました。

「木の香りがふんだんにする気持ちいい空間だった」「土壁など多様な表情があり、落ち着いた雰囲気がした」「和と洋のデザインが有機的につながって、新築なのに昔から建っているようで居心地がいい」といった大変嬉しい感想もいただき、感無量の一言に尽きます。

翌十三日には内田先生の合気道の師である多田宏師範が東京からお越しになり、真新しい道場を四方切りで清めてくださって、無事に道場開きも執り行われました。その数日後には内田先生ご夫妻のお引っ越しです。家財道具が入り、空っぽだった大きな書棚もあっという間に大量の本で埋まっていきました。

完成した凱風館を引き渡された内田先生は、「この建物が自分にとってどのような存在で、これからどのような場所になっていくのか、まだ何もわからない、というのが今の正直な感想です」と仰います。

この「わからなさ」こそが建築というものの最大の魅力の一つだと僕は思っています。なにか得体の知れないものと対峙し、想いを馳せる余白があること。すると不思議と空間が気を発する存在として動きだし、ついにはその想いが建築に静かに宿っていきます。しんしんと雪が降り積もるように。

時間をかけて使い込んでいくにつれ、建物はさまざまな反応をみせてくれるでしょう。凱風館はそうした豊かな余白を内に抱えた建築なのです。

こうして多くの方々に祝福されながら、凱風館はそのスタートを切ることができました。この幸福な船出は、施主である内田先生、施工会社である中島工務店の職人さんたちをはじめ、この建築に携わったすべての方々はもちろんのこと、甲南合気会や甲南麻雀連盟のメンバーまで、内田先生を囲む不思議で愉快な「みんな」がいたからこそ実現したことです。「内田家」という拡大家族を共有するみんなのエネルギーが集結した賜物なのです。

じつは凱風館は、この大家族からの多くの寄贈品が集まってできています。

京都・美山町の小林直人さんの杉の丸太梁は「養老孟司さんと新潮社の愉快な仲間たち」からの、客間サロンの二本の棟木は甲南麻雀連盟から寄贈していただきました。客間の冷蔵庫は内田先生のからだをケアしている整体師の池上六朗先生と三宅安道先生からですし、書斎とロフトの階段は内田先生の担当編集者たちが会社の枠を超えて

▲真新しい道場で師範として合気道のお稽古をつける内田さん

つくっている「タツルクラブ」から贈られました。

まだまだあります。客間サロンのベンチはジュリー部（ジュリー＝沢田研二をこよなく愛する方々）から、そしてワイングラスなどは三宮のステーキハウス・コクブと近所のカフェ・ニュートラルからたくさん寄贈されました。

とっておきは八角形の檜の大黒柱。これは施工者である中島工務店からのプレゼントです。もう、信じられません。道場の壁掛け時計や名札板も甲南合気会から。同門の高雄啓三さんからは個人的に植栽の楓をプレゼントしてもらい、この木は「ケイゾウ」と名付けられました。

これだけ多くの人から祝福された建築があるでしょうか？　建築は人に使われてこそ、生きていくことができるのであり、それが長い時間の経過に耐えられる強度を培っていくのです。内田先生に惹き付けられた「みんな」がゆるやかに形成する共同体が、まるで「自分の家」であるかのように愛情をもって接するからこそ、凱風館の空間は生き生きと、ポジティブなオーラを放っているんだと思います。

竣工まもない、ある早朝のことです。

朝稽古のために眠そうな顔で凱風館に向かって歩いてくる書生さんの姿が見えまし

▲右の壁に養老さんの丸太梁、中央は中島工務店の檜の大黒柱、その脇がジュリー部のベンチ、左の壁には甲南麻雀連盟の丸太梁

た。書生さんは凱風館の前まで来ると、楓の「ケイゾウ」から散った落ち葉を数枚拾いあげました。本当にごく自然に。正確にいえば凱風館の敷地の外、つまり風に吹かれてお隣さんの敷地に落ちた枯葉を拾ったのです。僕はこの光景を目にしたとき、心がほっこりし、安心しました。凱風館が最高の「みんな」にしっかり支えられて生きていることを実感したからです。

そして、なにより凱風館は、内田先生から「みんな」への「贈り物（ギフト）」なのだと思いました。

僕は設計の依頼を受けた時から、大きな責任をずっと感じていました。これだけの仕事をいただき、期待をされているのだから、それに応えようとがむしゃらに働きました。僕なりの最高のパフォーマンスで、内田先生からの贈り物に恩返しがしたいと思ったのです。

こうした幸福のパスがたくさんのバトンとなって、それぞれがまた次へと受け継いでいくのです。リレーはこれからもずっと続いていくでしょう。特定の個人が所有するモノ（家）ではなく、トータルな学びの場（道場）として引き継がれていくプラットフォーム、あるいはハーバー（港）であることが凱風館の魅力であり、神髄です。

そんな意味で凱風館は、現代における一つのたいせつなモデルとして、多くの示唆に富んだ建築だと信じています。プライベートとパブリックの空間や営みが同居し、さまざまな人が出入りする寛容な建築こそが、顔の見える地域共同体の規模として、また一つの拡大家族の場として理想的だと思うんです。もしも大きな災害があったときには、凱風館の道場はきっと避難所としても機能してくれることでしょう。「衣／食／住」のうちの「住」を、閉じた私的な箱にせず、外に向けて開放することで、「みんな」との共有感覚が生まれ、「困った時はお互い様」で支え合う関係性がつくられていく。どれだけ強い人でも一人では決して生きられません。排除せずに受け容れる関係からしか、秩序のある強靭かつ多様なチームは形成されない。

グローバルに発達した資本主義や右肩上がりの経済成長神話が崩れた今、凱風館でのこうした試みは、新しい豊かさを発見する実験なのではないかと思っています。

さて、子供の話ですが、僕には目に入れても痛くないほど可愛い甥っ子と姪っ子がいます。ふたりと過ごしていると、彼らの成長のスピードにはいつも驚かされます。昨日も明日もなく常に「いまを生きる」子供たちは、自分の世界を日々大きな海原へと広げているのです。

この凱風館の建築プロセスもまた、「いましかない」という貴重な時間の積み重ねでした。完成後のこの達成感らしきものも、子育てのそれに似ているのではないかと想像します。

しかし、完成を迎えた計り知れない歓びとともに、これからは自分の手ではもうどうすることもできないという、一抹のはかなさも僕は感じていました。ただ、どんな建築家にとっても〝一年生の初仕事〟が特別な存在であることだけはたしかです。

そして僕は先月、ついに凱風館で合気道を始めました。自分の設計した道場で真新しい道着を着てお稽古に励んでいます。それも、花嫁の父親としての悪あがきなのかもしれません。

▲玄関脇、書生部屋の窓の前に植えられた楓の「ケイゾウ」

今になって思うこと【26】

建築家の「設計」という仕事は、竣工した建築との「生活」とは根本的には断絶しています。建築が完成して生きはじめる頃には、建築家の仕事はもう終えているからです。そのため、建築主であるクライアントの未来に向けた「他者への想像力」を発揮することで、実際に生まれた建築との時間が豊かなものであることを願うことしかできません。住宅を設計することにおいては、それが建築家の自邸である場合にのみ、この断絶がなく（家族との協議もありますが）、建築家の想いが強く空間化されるのかもしれません。

凱風館は僕にとって自邸ではありませんが、設計して終わるのではなく、その後も深く関わり続けているたいせつな建築となりました。凱風館が完成したばかりの三十一歳の僕は、「結婚したこともありませんし、ましてや子育てとはまだ無縁のところにいます」とナイーブな心情を吐露していますが、まさにその後に書いている落ち葉を拾った書生さんが、今の僕の妻になりました。本文を書いていた時の片思いは、嬉しいことに成就しました。そして、二〇一五年には、愛娘も授かりました。

内田先生との関係は、学生時代は著者と単なるファンでしたが、まさかお会いすることになり（しかも麻雀を打つ）、クライアントと設計者となり、今では師範と弟子という関係になりました。おこがましいですが、とある雑誌の「ともだち特集」に内田先生と掲載されたこともあります。そんな師との出会いのおかげで、自分の設計した処女作の道場で合気道のお稽古をするという環境になったばかりか、生涯の伴侶と出会い、かけがえのない家族と一緒に生きることになりました。今になって思えば、人生は予測不能なことばかりでした。建築家として計画（設計）することを生業にしているはずなのに、じっさいの人生は、想像もつかない偶然の連続というわけです。しかし、そうした偶然性やわからなさに立ち向かうための方法を僕は内田先生をはじめ凱風館から学んでいるのだと思うのです。

合気道が人の生命力を高める武道であるように、誰かと強弱勝敗を比較考量するのではなく、自らの身体と対話し、「しかるべき時（機）に、しかるべき場所（座）で、しかるべきことを果たす」ことを教訓にして生きること。子育てほどの好例はありません。なぜなら子供は親がコントロールできるものではないからです。無償の愛をもって弱き子供を全力で支援し、成熟への道を示すことが親の役目ですが、実際はどうしたら良いかわからないことばっかり。そんな時、凱風館にはたくさんの仲間たちがいます。既に子育てを終えたお母さんたちや、今まさに格闘中のママまでたくさんいる。いつだって相談に乗ってもらえるし、洋服のお下がりをまわしたり、みんなで一緒に子育てしているという感覚が本当に何より心強い。

家族が支え合って生きるだけでなく、家族を超えて、それぞれ違った老若男女がご縁あって道場に集い、お稽古しながら互いに心地よい距離感で付き合っていく。世界の縮図としていろんな他者が世の中にいるということを知り、同時に自分がひとりではないということも知る。人が支え合う最小単位が家族であり、一つの家族が一つの家に住むというだけが豊かな社会のあり方ではないはずです。

凱風館の日常を通して、プライベートとパブリックとは何かを考えるようになりました。プライベートに閉じるのではなく、パブリックに開くことの豊かさを強く感じるようになりました。完全に通じることはできないかもしれない他者とでも開かれた回路を持つことで多様な存在を受け入れ、雑多なものが同居する寛容な集団がつくれるのです。境界線をなくすこと、つまりは分断するのではなく習合することに、困難な現代を生き抜くヒントがあるように思えてなりません。

今年（二〇一九年）、内田先生に新たに設計を依頼され、《凱風館合同墓》を大阪の池田にある如来寺のすぐ裏の霊園につくりました。子供だけでなく、老人もまた社会的弱者です。集団を束ねるのは、自己責任という強者の論理ではありません。クロポトキンの言葉を借りれば相互扶助の精神が不可欠であり、集団を束ねるには「ゆりかごから墓場まで」面倒を見なければならないと考える内田先生の実験は、決して机上の空論ではなく、先生自らの身体で思考したことの実践であるから強い説得力をもつのだと僕は思います。そうした多様な価値観を内包する柔軟な集団の居場所として、凱風館が「みんなの家」であり続けることを、僕自身も一人の構成員として、これからもしっかりと見届けたいと思います。

特別収録 スペシャル鼎談
凱風館へようこそ

井上雄彦 漫画家
×
内田樹 施主
×
光嶋裕介 建築家

撮影：谷口るりこ（P.257 〜 287）

竣工から四ヵ月目の二〇一二年三月、凱風館はひときわスペシャルなお客様をお迎えしました。『バガボンド』の連載再開を控えた漫画家・井上雄彦さんが、多忙なスケジュールの合間を縫って凱風館を訪ねてくださったのです。施主の帰りを待つあいだ、まずは建築家自ら井上さんをご案内します。

■「風」の字はキャラみたいですね

光嶋　……玄関が二つありまして、クリーム色のほうが自宅用です。外壁はパブリック、セミパブリック、プライベートと分かれていて、それぞれに屋根が……

井上　これはたいへんでしたでしょ～！　この看板の文字は絵みたいでいいですね。「風」の字はなにかのキャラみたい。

光嶋　内田先生が甲骨文字を元にして書いたんですよ。こっちの塀と路地は淡路島の山田さんという仙人みたいな瓦職人がつくってくれました。

井上　これがあの瓦を積んだ壁ですね。こんなの初めて見るなあ。

光嶋　地震が来たら倒れるので、対策を考えなきゃと。こういう風に瓦職人や左官職人や、いろんな人たちとの共同作業で建築って生まれるんですよね。

井上　写真を見ると、職人さんがみなさんとても味わい深いお顔をされてますよね。

内田　お待たせしました〜。
井上　あ、ごぶさたしております。
内田　こちらこそ。遅れてすみません。
光嶋　いま外観をご説明してました。看板の文字がキャラみたいだって、井上さんが。
内田　「凱」はオバQが頭かいてるみたいでしょ。「館」は左側の恐いお兄さんにカツアゲされて「すいません」って謝ってるみたいに見えない？
光嶋　（笑）それで館に逃げこむ、と。
（道場の玄関から入り、まず二階の書斎にあがっていただく）
光嶋　階段に飾ってある絵はすべて山本画伯の作品です。書斎には一万二千冊が収められてまして……
井上　一万二千冊も入ってるんですか!?
光嶋　これは岐阜県加子母村の檜で作った麻雀卓でして（笑）、点棒の置き場もあります。
井上　檜の雀卓（笑）。
光嶋　井上さんをお招きしたのは、そもそも内田先生が、井上さんの仕事場を訪ねたときにバスケットコートをご覧になって、それが書斎の下に道場がある凱風館のヒントになった、と聞いていたんですよね。それでぜひご登場いただこう、と。今日はめちゃくちゃ嬉しいです。

井上　ずっとお邪魔したかったんですけど、こんなに早く実現するとは思ってませんでした。

内田　そう言っていただけると嬉しいです。

井上　ここまでは誰でも入ってくるんですか？

内田　誰でもではありませんけど、下の道場は「パブリック」なスペースで、この書斎と客間は「セミパブリック」。僕はここで仕事をするし打合せもするし、映画見たり漫画読んだりするのもこのあたりです。完全にプライベートな部分は全体の四分の一くらいかな。

光嶋　道場から上がってくる階段だけ真っ白にしたのは、気持ちを切り替えられるように、結界になるような抽象性の高い空間にしたつもりなんです。

内田　今はじめて聞きました（笑）。この階段は、いちばん明るくて、非物質的というか。ほら、『2001年宇宙の旅』のボーマン船長が最後にいるホテルの部屋みたい。

井上　ガラスも透明じゃなくて白いし。

内田　序破急の「破」みたいな。「ここは時間も空間もない感」（笑）。

光嶋　いま主流のガラスと白の軽い建築じゃなくて、モノとして重みのある建築を目指しました。木材と土をしっかり使ってつくったので、そういう白い空間はここだけです。檜や杉の塗り方も、昔からのべんがらっていう自然素材を塗って色味を出しています。

■光嶋君は家の中が暗いのが好きなんですよ

内田　書斎から階段を五段上がると、ここがセミパブリックな客間でございます。

井上　これはすごい空間ですね。

内田　ここで宴会や麻雀をするんです。

井上　あ、料理もできるんだ！

内田　宴会のときにみんなが台所を勝手に使うので、あとで調理道具とか調味料とか探すのが大変で、宴会専用の台所をつくってしまえと（笑）。

井上　オープンなキッチンだからおおぜいで使いやすそうですね。

内田　これも「宴会用」の冷蔵庫。各自適当に食材を入れていってよろしいと。

光嶋　これが丸太からつくったベンチです。

井上　手斧（ちょうな）で削ったみたいな表情ですね。

光嶋　光のあたり方で微妙な陰影ができるんですよ。

井上　年輪の見え方がおもしろいですね。

内田　こっちのライトは、部屋があんまり暗かったのであとから追加で付けたんです。光嶋君はヨーロッパ感覚なので、家の中が暗いのが好きなんですよ。必要なら床に照明を置けばいいじゃないか、っていう発想なのね。

井上　日本人て明るくしますもんね。基本が蛍光灯だったりしますし。

内田　こんなに明るくするのは世界で日本だけ？

光嶋　蛍光灯がこれだけ普及してる国は珍しいと思います。アジア独特じゃないですか。

井上　身も蓋もないですよね、あの明るさは。

内田　僕はその身も蓋もないところで育ってきたので（笑）、最初はこんなに暗いのかってショックでした。ただ季節が変わってきたら、光が思いがけないところから差すようになってきた。

光嶋　こっちが東向きの中庭で、そこから先はプライベートなスペースですね。

いのうえ・たけひこ　1967年鹿児島県生まれ。剣豪・宮本武蔵を描いた『バガボンド』（1998～『モーニング』）、車椅子バスケをテーマにした『リアル』（1999～『ヤングジャンプ』）、バスケットボール漫画の金字塔『スラムダンク』（1990～96）の3作で広く世界的な人気を得ている。1988年、デビュー作『楓パープル』で第35回手塚賞を、『バガボンド』で2000年に第4回文化庁メディア芸術祭マンガ部門大賞を、2002年に第6回手塚治虫文化賞マンガ大賞を受賞。『井上雄彦最後のマンガ展』で2008年度文化庁芸術選奨新人賞を受賞。

■僕よりも漫画を読んでらっしゃる

内田　じゃあ次はロフトに。漫画コレクションがだいたい収まってます。

井上　あ、これはまた面白い階段ですね。

光嶋　漫画と文庫本はこのロフトにあるんです。

井上　まだ段ボールがある。整理途中なんですね。

内田　頭ぶつけないように気をつけてくださいね。『ビー・バップ・ハイスクール』とか『ろくでなしBLUES』とか『今日から俺は!!』とか、井上さんと趣味が合う、学ラン着た高校生が殴り合う系の漫画とかがこっちに。

井上　あ〜こういうのをお持ちなんだ！

内田　この手のに目がないんですよ。『まんだら屋の良太』全巻、『サザエさん』も全巻、吉田まゆみ『アイドルを探せ』に、村田順子！

井上　知らない……。

内田　『べにすずめたちの週末』、ご存知ないですか？　最近おもしろかったのは、これ。『闇金ウシジマくん』。諸星大二郎はずっと読んでますね。

井上　すごい。確実に僕よりもたくさん漫画を読んでらっしゃいますね。

内田　井上さんが『火の鳥』や『あしたのジョー』を、プロになってから勉強で読んだっていうのはびっくりですよね。

井上　そういえばエアコンが見あたらないですね。

光嶋　空調にはPSという方式を使ってまして、冬は内部に熱いお湯を循環させて放射で暖める仕組みになってます。

井上　メンテナンスはなにか必要なんですか？

光嶋　なにも要りません。ただ、夏場にお客さんが多いときの補助用に、壁の中にふつうのエアコンを一台だけ入れてあります。

井上　天井が高いからけっこうなパワーが要りそうですね。

内田　でもここ、真冬でも床暖房が要らないんですよ。床が暖かいんです。

井上　そういえばぜんぜん冷たくないですね。

内田　冬の朝起きて「ううっ寒い！」って震えるようなことはないですよ。では、いよいよ道場へご案内しましょうか。

■ いろんなキャラクターの気配がしますね（壁の中から引き出された「老松」がお迎えする）

井上　これがあの老松ですか……

光嶋　山本浩二画伯が檜の鏡板に直接描いたんです。

井上　墨と絵の具を混ぜて描いてるんですか？

光嶋　そうですね、上三分の一は墨を垂らしてます。この板は二枚で二〇〇kg以上あるので、片側を持ち上げて何度も何度も垂らしたんですよ。

井上　う〜ん……すごく奥行きがありますね。

光嶋　実際に樹齢千年の松を見に行ってスケッチしながら拾いだされた線なんです。

井上　この形になるまでの過程にどういう思考やイメージの発展があるんでしょうね。

光嶋　葉っぱという生命の枯れていく瞬間を線で表したり、松の枝ぶりなど、いろんなイメージの断片を重ねた絵なんですよ。

内田　本人に語らせると二時間ぐらい喋るので、今日は呼んでおりません（笑）。

光嶋　あらためて凱風館の印象はいかがですか？

井上　要素が多いっていうか、いろんなキャラクターがあちこちにいるみたいな気配

うちだ・たつる　1950年生まれ。東京大学文学部フランス文学科卒業。神戸女学院大学文学部名誉教授。武道家。道場兼学塾「凱風館」館長。専門はフランス現代思想。ブログを拠点に武道（合気道7段）、ユダヤ文化、日米関係、中国、映画、メディアなどを縦横に論じる。『私家版・ユダヤ文化論』で第6回小林秀雄賞、『日本辺境論』で第3回新書大賞を受賞。第3回伊丹十三賞受賞。『もういちど村上春樹にご用心』（アルテスパブリッシング）のほか、近著に『街場の読書論』、『日本の文脈』（中沢新一との共著）、『呪いの時代』がある。

がしますね。隅々にまで顔があるっていうか。ほんとに顔は見えませんけど。

一同 （笑）

井上 顔が見えてたら怖いですよね（笑）。どこもかしこも細かいところに至るまで人の手が入ってるっていうのかな。手の跡が残ってる感じがすごくします。

光嶋 モダンな白い軽い空間はつくった人の手の跡が見えないんですよね。人間が住むわけですから、時間が積層していく感じが残って欲しい。いい素材を使って丁寧に手入れすれば、傷は増えていっても、年月に応じた味わいが出てくると思うんです。

井上 道場の印象も同じですね。道場ってぽか〜んと空間が広がってるところが多いじゃないですか。でもここは隅々までいろんな要素が詰め込まれてますね。描き込みが多い絵、みたいな。

内田 でも要素は多くても、うるさくはないんです。表情が刻々と変わる家なんですよ。これから春、夏、秋と、どういう風に表情を変えていくのか楽しみで。

光嶋 壁紙やペンキという人工物ではそういう楽しみは生まれないと思っていたので、そこを意識していただけるのはとても嬉しいです。

井上 依頼なさるときには、光嶋さんはまだ一軒もつくったことがなかったわけですよね。内田さんはどういうお気持ちだったんですか？

内田　よく覚えてないんですけど、ポッと「あ、光嶋君にしよう」って。
井上　なにか感ずるものがあったんでしょうね。
内田　土地が決まって、次は建築家を探さなきゃと思ってるところに、彼がひょいとやってきて「建築家です」って自己紹介してくれたので。こういうのって「ご縁のもの」じゃないですか。
井上　縁は大事ですよね。
内田　これは天の配剤だろうと思ったんですよ。
光嶋　『バガボンド』二十巻のカヴァーに井上さんがその縁のことを書かれていて、「縁とはじつに味なものだ。人との縁、小説や漫画との縁、一本の映画や一曲の歌との縁。自分が本当に心から求めたとき、それはまるで計ったかのようにそこにあったりする。そういうものに助けられている」。
内田　うむ。
光嶋　ぼくも内田先生とのご縁をたどっていくと、蜘蛛の糸みたいに細い、奇跡的な偶然が重なってるんですよね。
内田　本当だね。
井上　そういうのって、振り返るとほそ〜い線なんですよね。

光嶋　あのとき山本画伯に電話してなかったら、とか考えると危なかったな〜って。

内田　もっと後だったら、凱風館はもう建ってたものね（笑）。

∷こだわったのは床だけ

光嶋　井上さんが仕事場を建てた時は、どんな建物にしようと考えたんですか？

井上　バスケットコートのことと、その床はちゃんとしたものがいいっていう要望は建築家に出しました。コートの床を踏んだ感触や、ボールをついたときの跳ねる感じとかは、本格的な体育館仕様がいいなと思って。仕事場の床も、幅が広くて、でもバラバラの木でつくってほしいということは言いましたね。

内田　床なんですね、大事なのは。

井上　ほかのことはいろいろ提案されるので、それでいいんじゃないですか、って。

光嶋　僕の提案に対する内田さんの反応とすごく似てますね。

内田　おんなじですね。僕もこだわったのは床なんです。道場の床は琉球表といって、武道の道場に使う畳なんです。いまはビニール畳ばかりですけれど、前に師匠の多田宏先生が「道場は琉球表じゃないと」とぽろりと漏らしたのを聞いて、道場建てるときは琉球表にしようってひそかに決めてたんです。

光嶋　時間が経てば色も変わっていくし、素材が生きてるってことですよね。

内田　裸足で踏んだときの感触が違いますね。道場をつくる時にいちばん意識したのは、長方形で、きちんと東西南北の方位が合っていること。それと畳の踏み心地。それだけです。武道の基本的な仕業点検は「足踏み」から始まるんですけれど、これはこの宇宙のどこに自分がいるのかという空間認知のことなんです。道場については、床のこと、つまりその「足踏み」のことばかり光嶋君に言ってたんですね。

井上　なるほど……不思議だなあ。自分の家や仕事場の東西南北なんて、僕はぜんぜんわからないですよ。

内田　井上さんのコートは正方形ですか？

井上　ほぼ正方形ですね。ゴールは全部で三つありますが、ゲームはできません。

光嶋　そこでバスケ仲間と3オン3をやりたくなったりはしないんですか？

井上　もともとどうして自分でコートを持ちたいと思ったかというと、カリフォルニアの田舎にスヌーピーの作者チャールズ・シュルツさんのアイスホッケー・アリーナがあるんですね。ものすごく広い敷地にリンクとカフェがあって、近所の人たちがふつうにプレイしてるんですよ。ご本人もときどきプレイしてたっていう話を聞いて、「あ、これすげえっ！」って。

光嶋　インスピレーションをもらってたんですね。

井上　ですので、最初はみんなに使ってもらえるものを、と思ってたんです。でもさすがに東京では無理で、いちばん大切なのはまず自分がいつでも練習できることなので、縮小していったんですね。人がたくさんやって来ることでストレスになったり、仕事場に上がってこられたりしちゃうとやっぱり大変ですし。

光嶋　そこは内田先生はとってもオープンですよね。

内田　ただ、ここも不特定多数に開放してるわけじゃなくて、道場は門人たちの空間ですから。

井上　顔が見えてるわけですもんね。

内田　僕だって知らない人たちに出たり入ったりされたら、ナーバスになりますよ。

井上　それはそうですよね！　いやよかった。僕だけじゃないんだ。内田さんは平気なんだ、なんて出来た人なんだろうって思ってたんですけど。

内田　とんでもない！（笑）

■ 場の波動が人をふるい分ける

光嶋　それが内田先生ならではの開かれた共同体のつくり方なんでしょうね。

内田　共同体はね、開くのは簡単なんだけど、閉じ方がむずかしいの。

光嶋　開きすぎてもよくない。

内田　そう、「みんなの家」を「つくる」のは簡単なんだよ。でも、「みんなの家」を「維持」するのはむずかしい。だって、「みんな」と「みんなじゃない人」を選別しなくちゃいけないいんだから。このスクリーニングにコストがかかっちゃいけないの。毎朝顔を洗って歯を磨くように、自動的にスクリーニングができないと、空間は維持できない。でも、やっているうちに場自体がある種の自律性を持ってきて、そうすると「お呼びでない人」は場所が弾いてくれるんですよ。

光嶋　それはメンバーの人数といったスケールの問題なんですか?

内田　個人がコントロール可能なのは一五〇人がマックスだと思うな。

光嶋　あんまり増えちゃうと顔と名前が一致しなくなりますもんね。

内田　今だって一致しないいんだけどもさ(笑)。それを僕がコントロールするんじゃなくて、場所自体が自然に人を呼んだり押し戻したりするようになると、共同体の管理コストはきわめて低くなってくるんです。

井上　共同体のメンバーが、自分の友達やそのまた知り合いを連れてくることはないんですか?

内田　どんどん連れてきますよ。でも「場の雰囲気」というものがあるので、この友達はOKだけど、この友達はダメかな、みたいな感覚がそれぞれに働くんです。それが場の自律性なんですよ。

井上　なるほど。場と合わない人は、来たとしても居心地が悪くなるんでしょうね。なにかが合わなくて。

内田　場が持ってる固有の波動があるんですよね。それに同調できない人は入ってこないんですよ。

井上　この建物自体がすごく強いオーラを放ってますよね。

内田　木にしても土にしても強く主張してて、個性がありますからね。個性があるものって固有の振動数を持つので、それに共鳴する人としない人がふるい分けされる。

光嶋　僕はそのメンバーにしてもらえた喜びが大きくて、設計は仕事なんですけど、仕事っていう感覚がほとんどなかったのも幸せでしたね。

井上　すごく楽しそうですよね〜。『みんなの家。』の「ほぼ日」連載を iPhone の小さい画面で読んでても、文面から楽しさがあふれてる感じがありました。

内田　光嶋君があれほど楽しんで仕事をしてくれるとは思いませんでした。

■ シュート練習と内省

内田　仕事場のバスケットコートにはけっこう頻繁に足が向くんですか？

井上　最近はよく降りていきますね。

光嶋　バスケットコートは井上さんにとってのインスピレーション源ということになるんでしょうか？

井上　バスケットボールができるスペースをつくる、というのはずっと夢だったんですけども、試合をしたいわけではなくて、いつでもひとりでシュートを打てるのがいいんです。

内田　あ、シュートが大事なんですね。

井上　シュート練習が好きなんですよ。基本的にはスリー・ポイント・シュートの練習です。ひとりでシュート練習しながら、「あ、いまのは正しい方向性だ」とか「今のはダメだ」とか自分のからだの動かし方に集中していると、パッと「あ、これだ」っていう宮本武蔵の言葉につながったりするんですね。

内田　ほおっ！

井上　どういうことが自分の中で起きてるのかわからないですけど、よけいな思考がそぎ落とされて、自分がそこにただいるだけになると、ずっと閉まっていた漫画のドアが、パッと開いてつながったようになるんです。だから仕事とバスケットコートの距離は、近いほうが便利というか。

内田　スタッフの方はいつも何人ぐらい？

井上　いまは四人になりました。

内田　コートに降りるときは「じゃ、ちょっと行ってくるわ」って言って？

井上　いえ、とくになにも言わずにすーっと消えて、で汗ばんで帰ってきます（笑）。

光嶋　僕が育ったカナダやアメリカでは、家のすぐ外にバスケのゴールがあって、やりたい時にいつでもシュートが打てたので、その感じ、よく分かります。

井上　高校時代にバスケ部全体の練習が終わったあとの個人練習の時間に、シュートしながら「今のはなにがよくて入ったんだろう？」「今のはなにが悪かったのか」って、自分の内側を追求してる内省みたいな感覚をずっと持ち続けていたいんですね。

内田　合気道の稽古は二人で組んでやるわけですけども、正しい身体の使い方をしていると、技が「冴える」ということがわかるんです。一人ではなかなか「冴え」は検証できないけれど、相手がいると、スパッときれいに技が決まった時に、「あ、今のは正しい身体の使い方だったんだ」ってフィードバックできる。傍から見ると、相手を倒そうとドタバタしているように見えるかもしれませんけれど、実際はけっこう内省的なんです。井上さんのシュート練習も、ただ入ればいいわけじゃなくて、内側に沈み込んで、内側で起きていることを点検するために時々出力してみて、微調整する、そういう感じじゃないかと思うんです。やってることはすごく似てる気がしますね。

光嶋　『スラムダンク』を書きながら「桜木だったら今のリバウンドはこう取るかな?」とか考えるんだったらわかりやすいんですけど。

井上　それだと直結してますからね。

光嶋　武蔵の言葉や動きが生まれてくるっていうのはすごく示唆的だなあと思います。

井上　たとえば「(刀で)斬る」っていう行為に関しては素人として書いてるんで、技術的な描写はきちんとできてるとは思わないんですけど……

内田　いやあれはすばらしいですよ。

井上　ありがとうございます。その、うまくできてるときの気持ちの良さとか、からだによけいなものがない体感みたいなものは、バスケも通じると思うんですね。うまくできたときにからだの中で起きていることは、同じなんじゃないかと思ってます。

■自分のために描く／書く

光嶋　建築の仕事で大事なのは他者への想像力を働かせることだと思ってるんですけど、井上さんが漫画を描くときは誰に、あるいは何に向かって描くんですか？　具体的な読者の姿が頭にあるんでしょうか？

井上　誰に向かって……う〜ん……

内田　想定読者というのはいるんですか？

井上　想定読者は……自分、ですね。

内田　あっそうですか！　僕もなんですよ（笑）。

井上　そうでしたか⁉（笑）

内田　想定読者というか、自分が読みたいことを誰も書いてくれてないから。しかたがないから俺が書くか、っていう。井上さんはどうですか？

井上　『スラムダンク』はまさにそれですね。バスケ漫画がなかったのがちょっと悔しくて。

光嶋　俺なら描けるぞ、と？

井上　野球やサッカーには名作と言われる漫画がたくさんあるのに、どうしてバスケだけないんだ、絶対おもしろい漫画が描けるのにと思ってました。

内田　自分がおもしろいバスケ漫画を読みたかったので、自分で描いた。

井上　漫画家になってからはむしろ「誰も描かないでくれ、俺がやるから」って。

内田　『バガボンド』には明らかになにかに憑依されて描いてるところがありますよね。石舟斎の台詞なんか、あとから読み返すと「難しいこと言ってるなあ」って井上さん自身が意味がよくわからないところがあるっておっしゃってましたね。

井上　自分で書いてるのに、（宝蔵院）胤栄が言ったこととか、「これどういう意味なんだろうなあ」と（笑）。描いてるときの自分はわかってたんですけど。

内田　いいものを書くときってそういうことが起こるんですよ。

井上　そうですね。

内田　自分で書いた文章なのに、どう展開していくのかわからなくて、どきどきしながら読んで、「ああ、おもしろかった！」って（笑）。井上さんはご自分の作品を読み返すほうですか？

井上　ときどきですけど、自分を確かめたくなるというか、自分が描いてきたものを肯定することによって先に進みたくなったときに読みますね。「おもしろい！」って思えると安心するので。

内田　『スラムダンク』も読みはじめたら止まらないでしょう？

井上　いやもう最高ですね（笑）。

光嶋　逆はあるんですか？　納得のいかない絵とか。

井上　それはもう、その時の力及ばず感っていうのはありますけど、出したくなかったとか引っ込めたいというのはないです。自分の描いてきたものには、もちろん見るにたえないものもありますけど、そのとき自分のやれることは精一杯やってるかなと思います。

■朝飯前の仕事について

光嶋　ＮＨＫの番組『プロフェッショナル　仕事の流儀「闘いの螺旋、いまだ終わらず〜漫画家・井上雄彦」』（二〇〇九年九月十五日放送）のなかで、喫茶店でネームを書いているシーンが印象に残っています。ネームを描く場所はどうやって選ぶものなんでしょう？

井上　なにかポイントはあるんでしょうね、きっと。

内田　カフェやファミレスを転々とされてますよね。

井上　はい、転々とします。ファミレスはけっこう切り札なんですよ。

内田　関川夏央さんもファミレスで原稿書くそうですね。周りがザワザワしていて、お互いが無関心な都会の喧噪のなかの方が気分が落ち着くらしい。

井上　あ、たしかに。人はある程度いたほうがいいし、かつ無関心っていうのが重要ですね。

光嶋　「あの人、漫画家の井上雄彦じゃない？」なんて囁かれたりしたら……

井上　すぐに逃げます（笑）。僕が転々とするのは、集中できてないことの言い訳みたいなもので、どこでもできるはずなんですけど、最初のとっかかりだけは、どこか外に行かないとどうしてもできないんですよ。

内田　僕も午前中に二時間机に向かう時間があったら絶対なんでもできる、って自己暗示にかけてる。

井上　午前中なんですか？

内田　午後はね、ダメなんです。お昼を過ぎると眠くなってきちゃう。いちばん良いのは朝の七時から九時ぐらい。まだ静かなうちだと、ぎゅっと集中できます。

光嶋　ゾーンに入ったマイケル・ジョーダンのような感じですか？　シュートを外す気がしないっていう。

井上　どうなんでしょう？　僕はまだそこまでたどり着いてないですから。でも朝飯の前はいいですよね。

内田　いいですよね！　奥さんがまだ起きてこないうちに調子よく書いてるときは、「起きてくるな」「お願いだから寝ててくれ」って（笑）。

井上　分かる分かる（笑）。

光嶋　井上さん、ふだん朝はだいたい何時頃から活動されるんですか？

井上　今は子どもに合わせて起きないといけないので、だいたい七時半ぐらいですね。奇跡的に子どもより早く起きられると、やっぱり絶好調っていう感じになります。でもどうしても夜にねばっちゃうことがあって……。

内田　夜やります仕事？

井上　締め切り前はずっと書いてないと間に合わないので、どうしても夜は外せないんです。でもダメですね、夜ねばっちゃうと。

内田　ぼくは毎晩六時で店じまいですから。そのあとお稽古のない日は、晩ご飯作りながらワイン飲みだして、早いときは十時には寝ちゃいますから。

井上　そうありたいですね。子どもを寝かしつけながら早い時間に一緒に寝ることもありますけど。

光嶋　子育てをしながら、あれだけの漫画を書いてらっしゃるんですね。

■ 建築も漫画も「完成」しない

光嶋　建築は図面通りに工事がすめば、いちおう「完成」ですよね。でも肝心なのは完成して「から」で、そういう意味では建築は完成しないものでもあって、そこがまた魅力なんです。その代表が、井上さんも取材されたガウディだと思うんですが、（バルセロナにガウディの建築を訪ねた記録が『pepita』〈日経BP社刊、二〇一一年〉にまとめられている）漫画というのは、印刷されて世に出たら書き直しできないわけですから、その瞬間が完成ですか？

井上　漫画も完成はしないですね。連載漫画はつねに話の続きが空いていて、そこに描き足し続けていきますから、建て増しに建て増しを重ねてるようなものですよね。

内田　田舎の温泉旅館みたいに、新館ができて別館ができてだらだらと廊下でつながってる、みたいな（笑）。

井上　たとえ過去に描いたことが多少つじつま合わなくなっても、あとで「あれはこういう意味だったんだ」と書きかえることもできるし、「あれが活きてここにつながった」ということもあるし、つねに更新している感覚があるんですよね。

内田　人間と同じですね。人間の経験って、五年、十年経って振り返ると、そのあとの人生の文脈の中に置き直されて、意味が変わっちゃうでしょう。漫画の主人公だって、描かれたあとも長い年月をずっと生きてきたわけで、「あのときの私のあの行動にはこれこれしかじかの必然性があった」って過去を再編しますからね。

井上　『バガボンド』を描き始めたときは三十一歳だったんですよ。それがいま四十五歳ですからね。

内田　十四年ですか！　すごいなあ。

光嶋　ということは、最初はいまの僕と同じぐらいだったんですね。

井上　それだけ時間が経つと、描いてる自分もぜんぜん変わってきてますよね。

光嶋　それに井上さんは『スラムダンク』を二十三歳で描き始めて、二十九歳でもう描き終えてるんですよ。

井上　六年と四ヵ月かかってます。

光嶋　途中からドライヴがかかるみたいに、絵がぐんぐんうまくなっていきますよね。

井上　画力のスタート地点が低かったし、うまくなる時期が『スラムダンク』を描いてる時期と重なったんでしょうね。ぜんぜん描けないところからちょっと描けるようになると、誰が見ても上達してるってわかるじゃないですか。

内田　『スラムダンク』は途中でグイッてギアが上がるように変わりますよね。

井上　量をこなすことでだんだん上達していく時期だったんだと思います。

■画力は最大のアドバンテージ

内田　漫画って画力が向上するとストーリーが一気に深まるっていうのがおもしろいですよね。

井上　説得力が増すんでしょうね。

内田　記号的だった登場人物に一気に厚みが出てくる。

光嶋　かたちのない感情というか、武蔵の表情の裏側まで見えるような絵になりますよね。

内田　「足を描けるようになった瞬間に、ストーリーの選択肢が一気に広がった」って仰ってましたね。

井上　そうそう、『スラムダンク』ではいつもバッシュ履いてたじゃないですか。『バガボンド』を描いて気づいたんですよ。「じつは俺、裸足を描いたことがなかった！」って。

一同　なるほど～（笑）。

井上　足の指がどういう風に付いてるのかとか、真剣に考えて描いたことがなかった。

その程度なんですよ、僕の絵は。

内田　漫画家は言葉と絵と二つの手段を持っていて、しかも絵は描けば描くほど確実にうまくなる。画力を持っているというのは漫画家の最大のアドバンテージですよ。物書きにはこれに類するようなものはないんです。ブラインドタッチが早くなったり、文字がうまくなったりしても、コンテンツの質とは関係ないから。

井上　文体が洗練されていくとか、そういうことと内容とは関係ないんですか？

内田　長く書いていると、だんだん自分の型ができて、コード進行の決まってるブルースみたいに、予定調和的に書けるということはありますけれど。それも良し悪しですから。

井上　漫画にも型にはまる危なっかしさはありますね。連載一回分の中でも、頭はこう来てここでグッと上げて、最後は大ゴマで締める、というような流れがあると、なんとなく読んだ気にさせられるんですよ。

光嶋　『バガボンド』は明らかにあえてそういうお約束にならないように外してますよね。

井上　そんな余裕がなかったですね、ほんとに。ひたすら「込める」ばっかりで、だから「圧」はあるんですけど、引いて見て全体に気を配る余裕がなくて、型みたいなことは考えてなかったです、はい。比べると『リアル』のほうが引いて見ていて、ちょうど正反対の作り方をしていた気がしますけど、今は両方がだんだん近づいてきてますね。

▪︎インプットあるいは育児の効用について

光嶋　『バガボンド』の単行本のカヴァーには、音楽や映画が漫画を描く刺激になるということも書かれてますけど、そういうインプットとアウトプットのバランスというのは大事にされてるんですか？

井上　音楽や映画も大事ではあるんですけど、休みをしっかりとって、自分の心の内側にスペースがある状態にもっていけてれば、アウトプットもできると思うんですよ。映画を観て「これを参考にしよう」とか、音楽を聴いて何かをもらった、ということも、それはそれでありますけど、もっと大事なのは自分の内側の状態じゃないですかね。

内田　育児はいいですよね。

井上　いいですね。どんなにきついときでも、家に帰って子どもと向き合うと、自分の状態がパッと切り変わりますね。待ったなしですから。

内田　人間が子どもを育てるときに使う人間的なリソースって、ちゃんと別枠で取ってあるんですよね。仕事用とはぜんぜん違うところに。

光嶋　それは誰でも持ってるものなんですか？

内田　自分の子どもを育てるというのは、生物として最優先事項なので、どこかから埋蔵金みたいに湧いて出てくるの。ここまで可愛いと思わなくてもいいんじゃないか、っていうぐらい過剰に「かわいい！」って思うと、隠されたリソースが出てくる。

井上　仕事のことはちょっと脇においといて、っていう感じになれるんですよね。

内田　この生物をとにかく生かさねばというのと、いい仕事して評価されたいというのでは、切迫度が全く違いますからね。子供がぴいぴい泣きだしたりしたら、一瞬のうちにすべてのものが後景に退いてしまって、子供のことだけに夢中になるでしょ。

井上　そうですね、それはありますね。

光嶋　ロックを聴くとテンションが上がるとかは……

井上　音楽や映画は自分のもっと外側にあることかなあと思いますね。

内田　ロック聴いてどうとかそういうんじゃないのよ、おじさんたちは（笑）。

■深夜の妄想

光嶋　設計をするときは、どうやって型や常識から自由になるかを考えるんですけど、そのためにも僕は建築とは直接関係のないダンスや展覧会をよく見に行くんです。建築からちょっと離れたほうが、たぶん心の静寂を感じやすくなると思うんですね。それでじつは僕は絵を描いていまして。

井上　建築のスケッチをすごく描かれてますよね。

光嶋　それとはまた別に幻想の都市風景を描き続けてるんですよ。自分の美意識をどれだけ解放できるかを意識して、こんなドローイングを描き続けてるんです。

井上　あ、これは水平にず〜っとつながっている絵なんですね。

光嶋　こっちは近作で、凱風館を描いたものです。

井上　これは何を使って描いてるんですか？

光嶋　ステッドラーの製図ペンとグレーの筆ペンです。法律や構造の制約がある建築に比べて、自由度は絵のほうが大きいんですね。重力からもスケール感からも自由ですし。だから人物は描かないんですよ。

内田　光嶋君の絵には生物が出てこないね。電線とか煙突や道路とかばっかり。

井上　あ、色の付いてる絵も出てきた。

光嶋　僕は夜型人間で、絵を描くのは深夜十二時以降なので、午前中にアトリエで絵を描いて午後に仕事場で設計をしていたコルビュジエにはすごく共感するんですよ。

内田　これは深夜の妄想なのか。光嶋君は密度の高いのが好きだね。ギチギチにモノが詰まってる。

井上　そうだ、凱風館がまさにそうですよね。要素が多くて隅々まで手が入ってる。

内田　この人は絵がこれですもん！　そうか、隅から隅まで埋めつくさないと気が済まないんだ、光嶋君は。

∷漫画の書き方は教わらない

光嶋　僕には早稲田大学の石山修武先生とドイツのマティアス・ザウアーブルッフと、建築の師匠が二人いるんですけども、『スラムダンク』の桜木花道にしろ『バガボンド』の宮本武蔵にしろ、師匠がいないわけではないにしても、我流で生きてる感じが強いですよね。井上さんご自身がそうなんですか？

井上　漫画家はそういう人が多いんじゃないですか。だいたいは作品を先生にして見よう見まねで描くことから始めて、描いていくうちにだんだん自分のやり方を確立していく。誰かに漫画というのはこう描くんだ、と教わる人はあまりいないと思います。

内田　井上さんは、宋代の水墨画とか、そういう一筆書きのような幽玄な雰囲気のものがお好きなのかなって、ふっと思いましたけど。

井上　いや〜そういう絵は見た経験がないんです。「南宋の水墨画」って言われても、具体的に思い浮かばないぐらいですから。

内田　でも、『バガボンド』には、水墨画のようなタッチの絵がときどきありますよ。

井上　そもそも僕が描いてるのは全部漫画なので、絵画じゃないんですよ。

光嶋　漫画と絵画を分ける境界線というのはどこにあるんですか？

井上　漫画家としての自分が培ってきたものの上に立って描き続けていて、それしか動員するものがありませんから。物語のように描き進めることによって絵に力を付けていくやり方なんですね。だからぼくの絵は絵画とは違うと思うんです。

内田　でもこれほどの枚数を墨で描いてる日本画家はいま日本にいないでしょう。筆の使い方はたぶん日本でいちばんうまいんじゃないかって、橋本麻里ちゃん（内田さんが高く評価するスーパー・エディターの一人）が言ってましたけどね。日本画家の絵を見て、すごい技術だと思うことはあります？

井上　もうめちゃめちゃ思いますよ、「うめえ〜！」って。現代の作品でも、写実的な絵だとよく「すげえ！」って思います。

内田　たとえば芸大の日本画科で修行した人と、井上さんみたいにずっと漫画を描いてきてて、気がついたら筆を使って日本画みたいな絵を描いてたというのって、どこがどう違うものなんですか？

井上　僕は美大で勉強してませんし、自分のことしかわからないんですけど、やっぱり漫画家として培ってきたもので描いてるとしか言いようがないですね。なにかをとくに学んだという経験はないので。

内田　学んだことがないって、すごいな。

井上　ほんとうは勉強しなきゃいけないんでしょうけど、単純になまけものというか図々しいというか、漫画は仕事ですから、否応なしに描くしかなくて。それ以外の時間で、さあこの技法の練習をしようとか、そういうことはないですね。

内田　そうなんだ。

■スピードはいけませんよね

井上　建築現場にはいろんな職人の方たちが入ってきますよね。全体の指揮をとるのは光嶋さんの役目なんですか？

光嶋　実務を見るのは現場監督なんですけど、僕は設計図からさらに細かく落とし込んだ施工図をもとに、全部をコントロールします。決定権は僕にありますから。

内田　彼は現場で最年少で、そのうえ経験もないんだけども、ほんとにコミュニケーション能力が高いんですよ。職人さんたちとすっと仲良くなっちゃう。彼はたぶん職人さんたちの話を聞くのが好きなんだと思うんです。彼らの語彙や美意識をすぐに理解して、いつの間にか職人の用語で喋ってる（笑）。

光嶋　とにかくいっしょにやれるのが楽しくてしょうがないんですよ。

内田　すごくみんなにかわいがられてましたね。得な性分ですよ。ふつうはなんとか威張ろうとするじゃないですか。でも光嶋君は「おれは早稲田の建築出て、ドイツで修行してきたんだぜ」っていう風じゃなくて。

井上　むしろ懐に入る感じなんですね。

内田　何をやりたいのか、ヴィジョンもはっきりしてますからね。働く人はすごく楽だったと思いますよ。何がしたいかわからない人がいちばん困る。

井上　ぶれる人は困りますよね。

内田　良いコンダクターだったと思う。いつも笑顔の絶えない現場でしたからね。

井上　じつは僕、日本のものづくりの職人さんたちを訪ねて歩きたいなと思ってるんです。

光嶋　それはいいですね！　工業製品に追われて、だんだん職人が消えていってますからね。凱風館のように左官が活躍できる現場も、もうありませんし。建築の現場から水がなくなってるというのが象徴的で。天気に左右されるやり方だと工程が読めないからなんですよね。

井上　やっぱり効率やスピードが優先されちゃうんですね。

内田　スピードはいけないね、スピードは。

井上　いけませんよね〜、ほんとに。

内田　いいんですよ、だらだらやってれば。

井上　二年前に、年始の目標として「バガボンドを今年終わらせる」って言ったことがあるんですよ。それがヤフー・ニュースになってしまい、たんなる目標から公約のようになった。それがものすごく自分を苦しめたんです。そうやって、いまつくってるものから目をそらして、先の目標を立てたり、誤ったゴールを設定したりすると、どれだけ自分にマイナスに作用するか、というのを自分の身で体験したので、ガウディの建築を見たときにも「急がない」ということがすごく響いてきたんです。

光嶋　ガウディは、自分が生きてるあいだには完成しないことをわかってましたから、そういう意味ではあとの人たちにバトンを受け渡したわけですよね。

内田　僕もサグラダ・ファミリアで職人さんがタイル貼ってるところ見たけど、名も知れぬ職人さんたちに「あとはよろしく」で任せちゃうという、作り手に対する信頼がすごいよね。どうして、日本にはガウディが生まれないのかね。

光嶋　日本にもすばらしい木造建築が残ってますし、工期優先、スクラップ&ビルドっていう時間に対する感覚は考え直さないといけませんよね。

内田　井上さん、これからどんな職人さんを訪ねるんですか？

井上　木や土をいじるような手仕事の人であれば、とくにこだわりはないんですけど、その土地に深く根ざしてる職人さんがいいなと思ってます。なので、今日のお話もすごく響いたんですよ。

光嶋　それは嬉しいですね。ほんとうに今日はおいでくださり、ありがとうございました。

内田　お忙しいところを遠路はるばるありがとうございました。お礼申し上げます。

井上　こちらこそありがとうございました。今度は道着を持って、ぜひまた来たいと思います。

「叶い続ける夢を見る」

マイケル・ジョーダンを敬愛し、人生の半分はバスケットからできていると思っているような高校生だった僕は、将来自分があの井上雄彦さんと会えるだなんて想像しただろうか。人生は、本当になにが起きるかわからない。念じれば叶うといえば、それまでだが、偶然のようなことが連続して、いまの自分があり、この時、はじめての連載を「書籍化するにあたって誰かと対談しませんか」という編集者からの提案に、真っ先に思い浮かんだのが、井上さんだった。ダメ元でお手紙を書かせてもらった。いつものように、思いの丈をお気に入りのモンブランの万年筆（インクは、ブルーブラック）で認めたのが功をそうしたのか、憧れの漫画家は、なんと神戸まで来てくださった。秘書やスタッフの方もおらず、キャップを被ったラフな格好で、井上さんは一人でいらした。あまりの感動に、心拍数もバクバク上がり僕の言葉が浮つくものの、対話を重ねることで多くの示唆に富んだ言葉をいただいた。

深く印象に残っているのは、凱風館を評した「隅々にまで顔がある」という言葉です。それは、合気道のお稽古をしている時に道友の先輩が口にした「この道場って新しいのに、なんだか懐かしくもあるよね」という言葉とセットで僕の記憶に深く刻まれています。僕は建築を設計する際に「空間は表情豊かであってほしい」と常々思っていて、なるべく多様な素材を丁寧に組み合わせることで、心地よい空間をつくりたいと思っています。なので、井上さんに「顔がある」と言われたことと、道友が「新しいのに懐かしい」と言ってくれたことが、妙にリンクして嬉しかった。というのも、新しいのに懐かしい感覚や、捉えきれない多くの顔がある状態というのは、どこか無意識と交流することではじめて認識できる感覚というか、その理由や因果関係がはっきりとは「わからない」けど皮膚感覚として感じるなにかを空間が宿していることの証だと思うからです。

井上さんは、ご自身のアトリエの階下にバスケットコートをつくった際のエピソードとして、床にこだわって「バラバラの木でつくってほしい」というお話をしています。これこそ同様に、単一の論理でつくらない、多様な状態に開いた思想だと強く共感しました。鼎談の後半に僕のドローイングを見てもらった時も、内田先生が「ギチギチにモノが詰まってる」とおっしゃられ、井上さんが「要素が多くて隅々まで手が入ってる」と述べている時に、僕の脳裏には四章の「今になって思うこと」でも詳しく書きましたが、吉阪先生の「不連続統一体」のことがありました。

そして、この不連続統一体を統合していく論理として、いかに自由であり続けるのかという姿勢については、井上さんは「漫画家として培ってきたもので描いてる」と答えられています。これは、バスケットのシュート練習のお話にも通じるように、常にご自身の身体感覚との内省が次なる創造行為と深くつながっているのだという ことに感銘を受けました。

加えて、内田先生も井上さんも子育てによる心の状態に言及されているのが、この鼎談を久しぶりに読み返してみて、とても印象的でした。当時独身だった僕も、今では三歳の娘がいます。育児の効用については、あの時は想像もつきませんでしたが、今となってはそれがリアルに手にとるようにわかり、まったくその通りだと思います。というのも、子育てほど自分のコントロールできない予測不能な要素が多いことはありません。まだひとりでは生きていけない、娘の成長をそばで見守る子育てという経験は、どれほど大変であってもなお見返りを求めない無償の贈与という行為であり、否が応でも自らの心の状態を整えないとできないことだと実感しています。自分の中に、圧倒的な他者性を自然と受け入れる状態とでも言えるでしょうか。それは、自分の手持ちの価値観や好奇心が常に更新されるような得難い経験です。またその無償の愛というのも決して親から子どもへと向かうのではなく、まず最初に子どもから親へと無償の愛を受けていることへの恩返しのようなものなのです。だから育児と仕事は、直接は関係していないようで、自己の深い根っこのところでは、子育てという経験こそ、仕事のアウトプットを高めるための栄養となっているように今では強く感じるようになりました。

最後に、井上さんが述べている「(『バガボンド』は)「込める」ばっかりで、引いて見て全体に気を配る余裕がなくて、(中略)『リアル』のほうが引いて見ていて、ちょうど正反対の作り方をしていた」というコメントがとても興味深くて、なんだか眼から鱗がパラパラと落ちました。漫画を描くにしろ、建築を設計するにしろ、やっぱりなにかをつくる際には、この「没頭すること」と「俯瞰すること」の両方がものすごく大切だとあらためて思ったのです。自らの身体感覚で感じられるものは、近くで没頭しながら圧を込めることで少しずつわかることと、引いて見て俯瞰することでしかわからないことがあるものです。この両方を行き来することで、創造という名の螺旋階段をゆっくり上がるようにして、わからないことと向き合い続けることでしか、複雑で多様な表情を持った美しい作品をつくることができないのかもしれません。

この鼎談の後、出来立てホヤホヤの『みんなの家。』(アルテスパブリッシング)の単行本を東京の井上さんのアトリエにお届けに上がりました。バッシュ(もちろんエアー・ジョーダンVI)を持参し、念願のバスケットコートにも立たせてもらい、興奮しながらシュートも一緒に打たせてもらうという夢のような時間でした。しかし、人生は、本当になにが起きるかわからない。憧れの井上さんに凱風館を見てもらい、鼎談させてもらっただけで「ドリーム・カム・トゥルー」なのに、なんとこの三年後の二〇一五年に、井上さんからご連絡を受け、スペインとの国交四〇〇周年を記念して開催される『ガウディ×井上雄彦』特別展の公式ナビゲーターになってほしいとの衝撃のオファーをいただきました。もちろん二つ返事で「快諾」しました。そして、なんとバルセロナに一週間滞在し、井上さんと一緒にガウディの建築群を観に行くというあまりにも幸せな仕事のご縁をいただいたのです。《カサ・ミラ》のなかで対談までさせてもらった。カタルーニャの美しく透明な空の下で井上さんと過ごした時間は、僕にとって自分の美意識を広く拡張するような忘れられない旅となりました。この時にカタログのために書いた論考「ガウディと井上雄彦の結び目の先にあるもの」を今回の文庫化に伴い、再録させてもらいました。

『スラムダンク』に『バガボンド』、『リアル』と唯一無二の名作漫画を世界に届けてくれるだけでも感謝の気持ちでいっぱいなのに、まさかご本人とお会いし、書籍化のための鼎談から新しい特別展示のお仕事までご一緒できるなんて、今でもちょっと信じられないようなことが連続しています。井上さんは、僕のドローイングを発表する個展にもお忙しいなか足を運んでくれます。こうして、僕は言葉にしがたいほどの幸せな贈り物を井上さんからいただきました。この受け取りすぎた大きなギフトに対して、少しでも恩返しができるようにこれから自分になにができるのか、しっかりと考えて、実行していきたいと心から思っています。

【特別展　ガウディ×井上雄彦　カタログエッセイ】

ガウディと井上雄彦の結び目の先にあるもの

アントニ・ガウディの建築は、地中海に面するスペインのカタルーニャ地方バルセロナに集中している。ひとりの建築家による類い稀な作品群が、かくも世界中の人々の心を捉えるのは、どうしてなのか。また、日本を代表する漫画家井上雄彦が、時空を超えてガウディと出逢うことで生まれる化学反応について、この短い論考で考えてみたい。

アントニ・ガウディの代表作であるサグラダ・ファミリアから始めよう。この建築は、一九世紀末に工事が始まり、現在もなおつくり続けられている。建築が生まれ出る瞬間である「現場」の雰囲気と、建物が生きながらえるための修復工事が「廃墟」

としての気配も漂わせ、それらが同時に存在していることで、独特なエネルギーを放っている。いわば建築の生と死が同居しており、生きている建築が廃墟を抱え込むことで、神話世界へとアクセスする回路が提供されている。長い時間をかけて一つの建築が完成へと向かう過程のなかで、生と死のせめぎ合いが宿っていく。ガウディ自身もまた、自分がこの建築の完全完成を見ることができないことはわかっていたはずだ。

図面やスケッチといった二次元による設計手法よりも、ガウディは、三次元から建物を考え、設計する建築家であったことを指摘しておきたい。幾つもの石膏模型をつくりながら建築の設計を進めていたガウディの創作行為は、彫刻家のそれと強い類似性が見てとれる。つまり、手探りで石という材料と向き合い、丹念に造形をつくり出す。年間何百万人もの人が訪れるサグラダ・ファミリアが放つ力は、建築というより、芸術（彫刻）作品として迫ってくるものに近く、親しみ易さがあるのかもしれない。

がしかし、模型は、もちろん建築ではない。それは、縮小された建築のミニチュアであり、そこに「完成」というゴールがないことがその決定的な特徴といえる。つまり、縮尺というスケールの問題があり、模型は本物の建築をつくるための試行錯誤の証に他ならない。最初は、全体像を把握するために小さな全体模型をつくり、徐々に大きな部分模型をつくっていく。この設計のプロセスによって、その都度、薄皮のごとく新しいディテールが与えられ、作品としての密度が上がっていく。最終的に出来上がる建築には創造することに対する葛藤の痕跡が深く刻まれる。並々ならぬ情熱を込めて構想したガウディの建築を「核」として、多くの職人たちの手による「細胞分裂」が繰り返されるのだ。この集団的な創造行為により、ガウディという自我はゆっくり解体されていく。

最も古い「生誕の門」がその好例だろう。幾重にも検討された結果、出来上がった彫刻群は、奇異なほど濃密な表情を獲得する。それは、一見分かりにくい複合的で多面的なものの集合体として、見る者の前に立ち上がる。職人一人ひとりの想い、あるいは魂が石という材料を通して結晶化されている。そうした断片の集まりが縄文的な複雑さの境地を表現していると同時に、どこかシンプルで弥生的力強さをも兼ね備えているのだ。この具象と抽象が拮抗する両義性にこそガウディの魅力が見え隠れする。

例えば、生誕の門に配置された日本人彫刻家外尾悦郎による彫刻群に目を向けてみたい。私にとって四度目のバルセロナ滞在でふと気がついたのだが、入口の上部付近にある聖歌隊などの彫刻群の表情が、一目瞭然にアジア的な顔をしている。そのことに、素直に驚いた。今まで何度も見てきたはずのサグラダ・ファミリアの彫刻の表情が、西洋人によるそれとは明らかに違い、アジア的であることに驚嘆してしまった。しかし、それを不自然と感じるどころか、むろん多様なものの総合体としてより強度があるように感じられたのだ。なにかを排除するのではなく、同居させることは、「聖なる家族」を意味するサグラダ・ファミリアにむしろ、最もふさわしい祝福の態度だと思った。削ぎ落とされた統一感ではなく、雑多なもの同士が存在する緊張感の併存、もしくは複雑さにこそ、強い生命力を感じる。人間という存在そのものが複雑であるのだから。

この生命力溢れるガウディ建築の根底に流れるものは、彼の自然に対する敬意といえる。ガウディは「樹木が自分の師匠である」というほど、自分のものづくりに対する姿勢を「自然の理」から見出そうとした。人間がつくり出す建築という人工物を、自然界にある樹木や岩をそのお手本として参照することで、ある種の翻訳作業を行っているように私には思えてならない。

二〇世紀初頭の同時代の建築家たちがこぞって既存の建築様式の折衷によって独自のアイデンティティを獲得しようとしたのとは対照的に、ガウディは、自然界の法則から導き出した美しさの再構築を建築で試みたのである。事実、大地から立ち上がる自然の力の象徴として、ドラゴン（龍）のモチーフがガウディの建築に多用されているのも頷ける。

サグラダ・ファミリアの内部空間がまるで森のようであることは、誰の目にもすぐわかる。いささかわかり易過ぎるくらいだ。建築の柱を樹木の幹として捉え、梁を枝として考えたのだろう。また、サグラダ・ファミリアが、遠くから見ても、近くで見ても美しいのは、一本の樹木のそれと同じである。自然界のものは、どこを切り抜いても美しく、ガウディの建築もまた、あらゆる肌理に対して耐え得る圧倒的な密度でつくられている。

例えば、グエル公園などのデザインも、自然がそのまま露出したかのように感じられる。人工的につくったもののはずが、どこか人間的で、ずっと前からそこにあったかのような優しい佇まいがあるために、永くその場所に定着することができるのだろう。起伏豊かな大地に寄り添うようにして、有機的な塀や波打つベンチが色鮮やかなタイルを砕いてつくられており、モザイクタイルのトカゲの彫刻なども、今ではガウディの代名詞的存在になっている。公園の中の広場においても排水経路が合理的に計画され、下部のドーリス式列柱廊の中に上手に樋を取り込んでいたりするのも、水の通り道が考えられた自然の構造そのものだ。

ガウディの建築は、一切の妥協がなく、どこまでも手を抜かない。要するに、表と裏がない。最近一般公開されるようになったベリェス・グアルド邸の屋根裏にある音楽の部屋のレンガのアーチや、カサ・バトリヨの蒼いタイルの吹き抜け空間など、すべてに過剰なまでの情熱が注ぎ込まれた建築の姿である。一本の樹は、顕微鏡で見てもその細胞が美しいように、ガウディ建築もまた窓枠やドアノブまで、いかなる部位もが美しく存在している。それは、建築のみならず、一つひとつの家具の設計までしている点からも窺える。

「ラ・ペドレラ（石切場）」という愛称で親しまれている集合住宅カサ・ミラもまたガウディが自然界から発見したものを再編集したような傑作だ。彼が幼少期を過ごしたといわれているモンセラットの岩山に秘められた霊的なものが、この建築のインスピレーションソースではないか。石という材料が物質としてもつ存在感が最大限発揮されている。ゴツゴツして固いはずの岩が、まるで水のように柔らかく波打つ造形によって圧倒的なエネルギーを放ち、霊的なものがたしかに宿っている。

二〇一四年春、そのカサ・ミラの一室に漫画家井上雄彦は、アトリエを構えた。更に窓からサグラダ・ファミリアの「生誕の門」が見えるアパートメントに寝泊まりしながら一カ月間に渡ってバルセロナに滞在した。漫画家として働くホームグラウンドである東京を離れ、バルセロナで「生活」したのである。異国の地を訪れる旅ではなく、そこで日常としての時間を過ごしたことの意味することは大きい。いうなれば自身の身体の中にバルセロナという街の太陽と風を取り込む大切な手続きなのである。ガウディの建築とそれにまつわる人々を注意深く観察することで、カタルーニャの文化的な深層部へとダイブする行為によって、いわば、ガウディと呼吸を合わせようとしたのではないか。

『スラムダンク』を描いている時の井上は、何も最初から桜木花道の成長するストーリーを通してバスケの面白さを伝えようとしたのではない。それは、あくまでも結果的にわれわれ読者が発見した物語の一つのパターンに過ぎない。ストーリーテラー自身は、はじめから物語の骨格らしきものを自身の中に形成するわけではない。連載漫画を抱えるということは、毎週毎週必死に自分の中を深く掘り下げて潜っていき、筆を走らせる。つまり、大筋の物語ではなく、登場人物のキャラクターが彼の中に生き生きとした姿を見せることがマンガを描くという創造のための絶対必要条件なのだ。自身の中で感じ、見えたものを丁寧にすくい取るプロセスこそが、結果的に物語を豊かに形づくっていく。

このときに、井上が最も大切にしていることが「心の安静」だという。心を鏡のような水面の状態にすることで、心が透明になり、彼の中でマンガのキャラクターは、ごく自然と動き出す。きっと手に取るようにそれぞれの行動が生々しいものとして迫ってくるのだろう。そんな奇跡のような一瞬を「ネーム」という初稿に殴り描きする。自分にしか読めないほどにラフなネームにこそ、マンガの命がある。魂が宿っていると言い換えてもよいかもしれない。

『スラムダンク』は、バスケの熱血青春マンガという単純な枠組みに決して収まらない。後のチームメイトで、不良少年だった宮城リョータが彩子と二人で歩く花道を恋敵と勘違いし飛び蹴りするシーンは、さながら不良マンガである。絶妙にちりばめられた笑いも、ギャグマンガを思わせるほどだ。実に豊穣なキャラクターが『スラムダンク』の中に丹念に埋め込まれ、一度読み出したら止まらない高揚感がある。大事なのは、大きな物語ではなく、その時々の井上雄彦がこのキャラクターたちとの深い交流によって紡ぎ出された小さなストーリーの断片である。それが、じっくりと積み上げられながらインターハイでの山王戦でピークを迎え、一切台詞がない前代未聞の感動のラストシーンへと物語のバトンは繋がれていく。

『スラムダンク』が桜木花道を主人公とするバスケットボールを通じて成長する「生」の物語であるのに対して、現在連載中の『バガボンド』は、宮本武蔵という歴史上の人物が武士として生きるために人を斬る、いわば「死」の物語であるといえる。ここに光と影の見事なコントラストがある。

それは、井上自身が漫画家として、あるいはひとりの人間として自身と向き合い、奥深くまで潜りながら辿り着いた内部世界でみつけた大切なテーマである。画家にとってのモチーフだ。心を落ち着かせ、自分の中に潜む暗闇に一歩足を踏み入れることで、ある種の「ゾーン」に入り、桜木花道や宮本武蔵との対話が強靭なポエジーとなって溢れ出る。つまり、対象（キャラクター）と同化することで、彼らが井上雄彦に憑依し、圧倒的な強度をもってマンガとなって描かれる。

もちろん、それがかくも多くの読者を虜にしたのは、井上雄彦が「描く」世界が魅力的であるからに他ならない。彼ほど描くという行為に対して誠実に紙とペン、そして筆へと道具を進化させながら自身の表現を追求してきた人を私は知らない。何もそれは、生まれ持った才能だけではないはずだ。『スラムダンク』の連載開始からの数巻を見れば、絵が飛躍的に上達しているのがわかる。それぞれの顔が洗練されていくのもそうだが、体育館の床に落ちる影が単なる斜線だったのが、鏡のような反射まで描き出されるようになって物語は、より立体的に伝わってくる。手が技術を獲得することで、描き得る世界の解像度が上がり、それに伴ってストーリーも共鳴するように豊かになっていく。魂の宿った線は、ときに絵の向こう側にあるものをも伝達してしまう力をもつからだ。『バガボンド』で武蔵が雨の翌日に水浸しの畑で水を斬るシーンなどは、思わず息を呑む。マンガという枠組みを遥かに超えた、その圧倒的な画力にわれわれは惹き込まれるのである。

そして、今、ガウディと井上雄彦が時空を超えて交差する。まったく違う地点から登りはじめても、険しい山頂付近までたどり着いた者たちだけが目にすることの許される特別な風景がある。ガウディの建築を通して、その奥底にある自然の理に井上雄彦が共鳴し、建築の向こう側にある何か言語に回収されないものをたしかに発見しようとしている。細部にまでこだわり、どこも手を抜かないでつくり上げられた建築に、職人たちの手の痕跡を見る。そして、井上も自分の手を見つめ直したのだろう。素材に対する感覚も研ぎ澄まされ、自身の描く和紙に対しても自ずと想いを強めていった。このたび福井県にまで足を運び、自身で越前和紙を漉くことで、描く行為の前にまでさかのぼって素材と対話したのである。

この展覧会の記者発表で「ガウディとの共通点は、何かありますか」と聞かれた井上は「完成を急がないこと」と答えた。完成というのは、ある意味では、創造の死といえる。つまり、完成することよりも、そこを目指す過程における紆余曲折を楽しみながら、つねに「より良いものがつくれるのではないか」という姿勢にこそ、人を感動へと導く良質な創造は支えられている。幾つもの模型で検討し、現場に通い詰めて石という素材と対峙するガウディのまなざしは、心の静寂から孤独と向き合いながらネームを絞り出し、筆を走らせる井上のマンガに対するまなざしと同型のものではあるまいか。

ガウディが建築を通して伝えようとしたものに漫画家井上雄彦が大きな橋を架けようとしている。自然と調和し、共存する芸術の水脈を掘り当てたかのようにふたりは接近する。ガウディ建築にガウディの想いが深く結びついているように、桜木花道や宮本武蔵といったキャラクターには、井上雄彦自身の姿が鏡のように投影されているのである。

建築の向こう側にあるものと、マンガの向こう側にあるもの、それは共に比較考量できるものではなく、霊的な世界に属する類いのものなのかもしれない。それは、見ることができないが、感じることができると私は信じている。建築を通してガウディが祝福した自然の理、そのコスモロジーの入口に触れた井上雄彦が贈与されたものを、今度は自身の身体を介して表現しようとしているのではないか。美しきバトンの受け渡し。

ふたりは創造の限界を押し広げる芸術の革新者。自然をこよなく愛し、自身の心と深く向き合うことでしか伝達できないものがある。ガウディから井上雄彦へと時空を超えて渡された祝福のバトンを受け、われわれの日常の世界が少しだけ変わって見えるのかもしれない。美意識の更新とでも言えばよいのだろうか。建築とマンガの架け橋が、今まで気付かなかった新しい身体のスイッチの存在を教えてくれることだろう。それは、この展覧会を経験した一人ひとりに課せられている。時間をかけてそれぞれが手にした物語を咀嚼し、熟成させなければならない。

あとがき

凱風館で合気道を始めてから半年が経ちました。月に一、二度ですが、東京から通って楽しくお稽古させてもらっています。あの加子母村の檜の格子天井や、美山町の杉の柱、土の壁、琉球表の畳に囲まれて、無心に自分の身体と向き合うのは、子供のころから慣れ親しんだ野球やバスケットボールなどの球技スポーツとはまったく違う感覚で、やればやるほど楽しくなります。勝敗を競うのではなく、昨日できたからといって、今日できるとは限らないのが武道のまた面白いところです。

なにより好きなのが、お稽古の締めくくりに行う「呼吸合わせ」です。全員で大きな輪をつくり、中心に向かって両手で弧を描きながら深呼吸します。

吸って、吐いて、吸って、吐いて――

みんなの想いが一つになり、「ありがとう」を共有する。一緒にお稽古したみんなの気持ちが一つになり、文字どおり「気が合う」瞬間がたまらなく心地よいんです。

そのとき、輪の中心、つまり道場の中心には、『ドラゴンボール』の「元気玉」のようなものが僕には見える気がします。

こんなふうに、僕はこれからもずっと凱風館と共に「今ここしかない」時間を過ごしていくことでしょう。かけがえのない時間を、内田先生はじめ多くの人たちと共に過ごせるということに、感謝の気持ちしかありません。

道場兼住宅という、いっぷう変わった建築である凱風館が、現代においてなんらかの普遍性を獲得しうるとすれば、そのポイントは共同体のつくり方にあると思っています。施主さんと話し合い、つくり手と協力し、高いプロ意識でいい建築をつくる。そして、その家を使う人たちが建物に共感し、愛着をもって建築と接することで共同体のなかの物語が共有されていく。家族を超えたメンバーが集ってゆるやかな拡大家族を形成すると、お互いに助け合い支え合う仲間ができます。現代のライフスタイルにおいて、たくさんの人がいわば「呼吸合わせ」をするように同じ共同体のメンバーであることは、それぞれの人生を少しずつ豊かにしてくれることでしょう。

二〇一一年は、日本人には忘れることのできない深い心の傷を負った年になりました。人間のつくった都市が大地震と大津波という自然の猛威の前で脆さを露呈し、木造の住宅から鉄筋コンクリートの建物まであらゆる建築物が失われるとともに、多くの尊い人命が奪われました。東日本大震災はこの国を根底から揺るがしましたが、こんな時こそ建築家はオピニオンリーダーとしての役割を果たしながら仕事をしなくてはいけません。

東日本大震災以後の建築はどうあるべきか？　それはとても難しい問題です。既存の価値観が通用しなくなり、大きなパラダイムシフトを迎えていることだけは確かです。建築が社会からの信頼を取り戻すためにも、これまで以上に安全で魅力的な建築をつくることが大切だと思います。

建築はもちろん一夜にしてできあがるものではありませんし、街もまた決してすぐに再建・復興できるものではありません。沢山の人の共同作業の賜物なのです。

では魅力的な建築とはなにか？　その問いは、この本を執筆しているあいだ、ずっと僕の頭の中にありました。どんな建築も豊穣な物語を内包しています。これらの物語を一つひとつ丁寧に言葉にすることで、僕は建築の魅力をひも解こうと思ったのです。その時に一番大事なのは、そこに住む人々の声に耳を澄ませて、その場所に、その人たちのための建築をつくることだと思います。

建築家一年生の僕は、建築に携わるこうした「みんな」の想いを創造の中心においいて考え、他者への想像力の解像度を上げていくことで、多くの人に愛されるような建築を実現したいと思っています。精度の高いイマジネーションこそが豊かなクリエーションを支えると思うからです。

僕の初仕事である凱風館が完成するまでは、まるでジェットコースターのような毎日でした。しかし、完成したあとも寝る間もないくらい忙しい日々が続いています。オープンハウスに来てくださった方から次の住宅設計を依頼されたり、ベルリンにいた頃からずっと描き続けている幻想都市風景をモチーフとしたドローイングや銅版画の個展を開催したり、そのドローイング集を出版したり、首都大学東京で助教の仕事にも就きました。学生たちと向き合って、建築とはなにかを一緒になって考えるのは、なにより自分の思考を鍛えてくれます。こうした変化は僕にとって、自分の殻を大きく破って新しい自分を発見し、成長するきっかけとなります。だからこそ、これからも自分を新しい環境に導いてくれるようなご縁を大切にしたい。そして、建築家としてその建築に携わる「みんな」が嬉しくなり、「みんな」に祝福される建築をつくり続けたいと心より思っています。

最後に。凱風館の生みの親である内田樹先生にはいくら感謝しても感謝しきれません。また僕の連載を掲載してくれた糸井重里さんと「ほぼ日刊イトイ新聞」の乗組員の皆さんにも大変お世話になりました。内田先生との出逢いを生み、また唯一無二の「老松」を制作してくださた山本浩二画伯や、素敵な写真を撮ってくれた山岸剛さんと谷口るりこさんにも、この場を借りて御礼申し上げます。バスケ部員だった高校時代からのバイブル『スラムダンク』の作者・井上雄彦さんにお忙しいなか凱風館までお越しいただき、お話しできたのもとても嬉しい思い出です。僕の事務所を支えてくれているスタッフの双木洋介と模型制作を手伝ってくれた学生たちにも心より感謝しています。

御礼を申し上げたい人はまだまだ沢山いますが、はじめての建築をはじめての単行本にするという幸運を持ってきてくれたアルテスパブリッシングの鈴木茂さんには心より感謝しています。「凱風館のことを書いてみませんか?」と提案してくれた彼がいなかったら、この本は実現しませんでした。最初から最後まで二人三脚で仕事をできたことがなにより楽しかったです。

みなさん、本当にどうもありがとうございました。

二〇一二年六月　目黒にて

光嶋裕介

変わり続ける、変わらなさ――文庫版あとがきにかえて

最後までお読みいただき、ありがとうございます。このたび、僕が建築家としてはじめて手がけた《凱風館》の物語である『みんなの家。』を文庫として刊行してもらうことになり、八年ぶりに単行本を読み返してみました。だれが言ったのかは定かではありませんが、「処女作には作家のすべてがある」ということをよく耳にします。僕の場合、作家ではありませんが、処女作に立ち向かう建築家一年生による奮闘記というのは、完成して八年（オリンピックでいうと丸々二大会）が経った今、ツッコミどころ満載であることに、驚きました。漫才のボケとツッコミは、二人でやるものですが、僕は時間を超えて、昔の自分と漫才でもしているかのようにツッコミを入れながら「今になって思うこと」を二十六章すべてに加筆しました。それは、四十歳になった僕が、若かりし三十二歳の自分と対話しながら書いた往復書簡のようなものです。

あの時の僕と今の僕は、変わったのですが、変わっていない。僕の人生は凱風館の竣工からもずっと地続きにつながっていますが、その間、何度も「跳んで」少しずつ

変わってきました。一人の人間が八年間という月日を経て思うことは、勇気をもってジャンプしたら新しい風景を見ることができるということ。それを凱風館で過ごした時間を通して内田先生自身が言葉で語り、背中で指し示してくれています。師とはそういうものです。変わり続けることが、変わっていないということだと昔の自分との対話は、教えてくれたように思います。

この八年の間でいうと、凱風館の影の立役者である内田先生のお母様とお兄様が、鬼籍に入られました。ご両者ともに、僕は数回しか直接お目にかかる機会はありませんでしたが、そのお二人が内田先生にとってかけがえのない存在であることは、わかります。たいせつな家族ですから。でも、故人となったお二人と内田先生の関係は、生身の人間と接する仕方とはまた別の在り方が存在するということもまた、近くで教えてもらいました。それは、《凱風館合同墓》として大阪の池田にある如来寺の裏の霊園にお墓を設計するという形で関わるご縁をいただき、思い知ることになりました。私たちは、一人では決して生きられない弱き存在だということです。多くの方々と一緒になって、ともに影響されながら、脈々と築き上げられる叡智の上で日々の生活を営んでいます。

この本にも書きましたが、僕が建築家として働く上で一番たいせつにしていることとして「他者への想像力」があります。他者というのは、みんな違った顔をもち、違った考え方をもっているものです。そんな差異に満ちた他者のことを想像するのに、魔法のような万能な答えなどあるわけありません。

試験のように模範解答がある「問い」ではなく、その時々に変化する状態に対して自分なりの暫定的な「答え」を出し続けることでしか他者への想像力なるものは、発揮できないと考えます。それは、昔の自分が出した答えをその都度検証し、その都度「答え直す」ということだと思うからです。そのためには、一貫性をもって変わらない頑固さよりも、柔軟に思考し、揺れ動く自分の心に正直に変わり続けることでしか対応することができないと感じています。だから、僕にとって凱風館で武道としての合気道を学ばせてもらっていることがとても大きな役割を果たしているのだと思うのです。つまり、自分の身体を使って思考するということ。自分でもわからない自分の身体に真摯に向き合うこと。わからないことを、わからないままに、けれども、わかりたいと思い続けて、ずっと考える。そのときベストだと思う答えをひねり出し、また考え続けては、答え直す。そうした自らの身体感覚を総動員しながら、生きる喜びを「みんな」と少しずつ共有しながら、生き延びること。

思えば、凱風館では竣工後、ありとあらゆるイベントが定期的に開催されています。笑福亭たまさんによる落語会、鶴澤寛也さんによる女流義太夫、玉川奈々福さんによる浪曲、森田真生さんによる数学の演奏会、安田登先生による創作能、森永一衣さんによるオペラ演奏会、池田雅延さんによる小林秀雄塾などなど、実に多彩な世界の窓となるきっかけに満ちており、そうした機会を得て思うのは、必ず自分の理解を超えた他者との遭遇を介し、スリリングな対話を重ねることで、いつも勇気をもって「ジャンプ」することで、昨日の自分とは違った少しだけ新しい自分に変わっていく、ということ。そうしたことこそ、「学びの本質」であるのを確信するようになりました。まさに、真剣に変わり続けることを切実に求める者にだけ、背中を後押しする凱風が吹き、それぞれの学びの種がゆっくり芽吹くのではないでしょうか。

だから、このたび「今になって思うこと」というふうに増補版をこうして文庫として出させてもらえることは、僕自身が変わったことを認識し、変わっていないことも自覚する作業だったように思うのです。矛盾するようですが、僕のなかでは、決して矛盾していない。そもそも、自分が変わったか、変わっていないかということ自体、自分とは違う他者がいて、そうした他者と関わりながらの日々の営みを通してでしか、わかりようがないのですから。

本文にも書きましたが、僕の人生は、凱風館の完成の後、さながらジェットコースターのように動き続けています。あの落ち葉を拾った書生と結婚し、嬉しいことに愛娘も授かりました。僕にとって、それは大きな大きな変化であり、日常が小さな日々の発見に満ちていることを教えてくれています。鶴見俊輔さんがどこかの本で書いていたと記憶していますが、子供が生まれてきてくれたことで親になり、子育てを通して、自分の両親に対する考え方も少しずつ変わり、我が子のおかげではじめて自分が両親の子供にしてもらったんだという言葉の意味が、今では少し理解できるようになりました。それは、「祝福」という見返りを求めない贈与が、無償の愛として子どもから親へ、また親から子どもへと双方向に実践されるからなのかもしれません。そうして、幸福のバトンは渡り続けるのだと思います。

多くの他者と関わり、祝福されながら生きられる凱風館という建築は、内田先生を中心とする集団のみんなの人生の「記憶の器」なんです。そこに多くの人が集い、それぞれの小さな物語がうねりながら川の流れのように、ゆっくりと静かに更新されながらみんなの未来をつくっています。こうしたご縁をたいせつにして、感謝の気持ちを忘れずに、少しでもみんなに恩返しができるように、幸せのバトンをしっかりつなげたい。孔子は「四十にして惑わず」と言いましたが、僕はまだまだ迷っています。「変わり続ける、変わらなさ」、という初心を忘れずに、これからも勇気をもってジャンプしたいと思います。

「処女作には作家のすべてがある」かは、わかりませんが、凱風館という建築にしろ、『みんなの家。』という本にしろ、そこには、僕のすべての創造の種があるのかもしれません。先日、とある大学で、「高校生の時に『みんなの家。』を読んで建築家になりたい」と言われて、胸が熱くなりました。死者からの手紙として本を読んできた者として、未来のだれかに僕の手紙も確かに届くのだと実感し、幸せな気持ちになりました。物語は、建築という空間を介して、あるいは、言葉というメッセージを通して、必ず届けられる。そのことを肝に命じて、これからも他者と交わりながら、丁寧に種に水をやり、僕もゆっくり変わり続ける変わらなさをもって、つくり続けたい。

最後に、この文庫化を実現してくれた編集者の鶴見智佳子さんに感謝したいと思います。三年前に『建築という対話』（ちくまプリマー新書）を一緒につくった彼女がいたからこそ、増補版としてのこの一冊ができたことを大変嬉しく思っています。また、八年前に単行本をつくってくれたアルテスパブリッシングの鈴木茂さんは、僕の最初の本を生み出してくれた編集者であり、その後《祥雲荘》という住宅（詳しくは『ぼくらの家。』〈世界文化社、二〇一八〉に収録）を一緒につくった、クライアントでもあります。単行本のデザインを担当してくれた福田和雄さんには、引き続き文庫もデザインしてもらい、写真を提供してくれた山岸剛さん、谷口るりこさんにもこの場をお借りして御礼申し上げます。この物語を最初に発信する素敵なプラットフォームを提供していただいた「ほぼ日刊イトイ新聞」の糸井重里さんと担当乗組員の皆様にも深く感謝しております。

ホントに最後になってしまいましたが、内田樹先生や山本浩二画伯、中島工務店のみなさん、井上雄彦さんをはじめ、この本のなかに登場するみんな、そして、いつも近くでサポートしてくれて、インスピレーションを与え続けてくれる家族には感謝の気持ちしかありません。本当にありがとうございます。

こうしたご縁のおかげあって、僕は建築家として独立して十二年目を迎えることができました。みんなに少しでも恩返しができるように、これからも受け取った大きなバトンをしっかりつなげられるように、精進したいと思います。

二〇二〇年一月　芦屋にて　　光嶋裕介

解説　涼やかなひと

鷲田清一

ずいぶん前のことなので正確には憶えていない。たしか内田樹さんと対談したあと、「内田組」の面々とともに大阪・梅田のどこかの地下の居酒屋へなだれ込んだときのことだとおもう。隣り合わせた光嶋さんにスケッチブックを見せていただいた。見ながら、ふとエゴン・シーレのヨットハーバーの絵、ヨットではなく水を描くそのタッチを思い出し、それを口にすると、とても喜んでくれたことだけは鮮明に憶えている。おもえば、人の絵を見ていきなり別の人の絵の話をしたのも失礼な話だが、初対面なのにすぐに至近距離に入れる、なんとも涼やかな人だと思った。旧いことばになってしまうが、「ナイス・ガイ」だと思った。以来、東京でわたしの講演に駆けつけてくれたり、京都・鴨川での夏の一夜、「内田組」の宴会でこんどはご家族ともお目にかかったりしたが、会うたびに「ナイス・ガイ」との確信はつよくなっていった。

これも昔のはなしだが、建築家の安藤忠雄さんに「建築家というのは聴くのが仕事やで」と言われ、「安藤さんにそう言われてもなあ……」と返したのを憶えているが、よく考えればたしかにそうなのだろうと思う。一つの家を造るそのプロセスをこのたび光嶋さんの本でくわしく知り、あらためてそう思った。

光嶋さんもこの本で少しふれておられるが、たしかに建築の仕事は台所での頭の働かせ方に似ている。ありあわせの材料で献立を考える。料理が冷めないように段取りをつける。調理のあいだに調理具を洗い、片づけもする。そしてその間も家族の様子をそれとなくうかがう。そういうふうにまわりに眼を配り、勘所を外すことなく、不定型にうごめく全体をうまくケアすること。これは想像だが、「凱風館」の仕切りのない空間には、何かをしながらそれとなく全体にこころを配っている、そういう気配が満ちていそうだ。

こころを配る人はなにも家の主にかぎらない。棟梁も、修繕のために家に出入りする職人さんたちもおなじこと。わたしの家も古い木造家屋なので、しょっちゅう大工さん、左官屋さん、植木屋さん、建具屋さん、電気屋さんらが出入りされる。親の代からお世話になっているので、わたし以上に家のことを知っていてくださる。いっせいに仕事をされることもあれば、交替で駆けつけてくださることもある。そんなときでも先にしてある仕事を見てそれに負けないような丁寧な仕事をしてくださる。それでだれが指示したわけでもないのに、佇まいが一定の感度にそろってくる。このときも台所仕事とおなじ気の配りように出会う。そして仕事を終えて道具が車の納まるべきところにきちんと納まるさまを見るにつけ、気の配りが道具にまでおよんでいることにこころを打たれる。

「当主」ということばがある。「当主」は私的な所有者ではなく、当座預かっているから「当主」なのだと聞いたことがある。職人さんたちもきっとそういう意味での「当主」に協力する思いで仕事にあたってこられたのだろう。そんな感覚で光嶋さんも「凱風館」の建設にあたられたことが、この本を読んでいるとよくわかる。

建築には「遊園地」型と「原っぱ」型の二通りあると、以前、建築家の青木淳さんの本で読んだことがある。遊園地ではあらかじめ遊ぶメニューが用意されている。子どもたちは思い思いにそれを選んで遊ぶ。逆に、都会のまん中にある更地のような原っぱだと、せいぜい空き缶が転がっているくらいで、遊具など一つもない。それで空き缶を蹴るともなく蹴ったりしていると、知らない子がやってくる。これまたすることもないので転がってきた空き缶を蹴り返したりしているうちに、やがて二人のあいだでゲームが生まれる。ルールもその場で考える。そこでなされる行為が何もないその空間の意味を内側からつくってゆくのだ。青木さんは機能別に空間を仕切るそんな建築ではなく、この原っぱのような建築をめざしているという。

光嶋さんがめざしているのも、きっとこの原っぱのような建築なのだろう。あらかじめ答えがあるわけではない場所で、答えをじぶん（たち）で見つけてゆく、そんな能動性を引き出す場として、家を考えているのだと思う。考えてみれば、教育というのもそうで、教育といえばみな何かを教え、諭すことのように考えているが、大事なのはそうではなくて、そこにいれば子どもたちが勝手に学び、育ってゆくような環境を用意することが大人の務めなのだと思う。大人の責任はこちらのほうが重い。

光嶋さんのことを「ナイス・ガイ」だと言ったが、その「ナイス」という感じは、原っぱの子どもたちのように、活動のコンテクストをじぶんで編んでゆくところから来ているように思う。憧れている人——キース・ジャレットの音楽スタジオ、ピナ・バウシュのダンススタジオ、マイケル・ジョーダンのバスケットボール・アリーナ……を造りたいという修業時代のとてつもなく爽やかな夢！——、会いたくて自宅まで押しかけていった人、そのご縁からたまたま出会った人。そういう人たちとのネットワークを、立場を超えて編んでゆけるのが光嶋さんだ。

問題が発生したときに、お仕着せの解決策にすがるのではなく、その解決のためのコンテクストをみずから編んでゆけるということ。これはある意味、〈政治〉の資質である。光嶋さんに政党政治家になってほしいとはつゆ思わないが、わたしたち一人ひとりがそれぞれにこの社会の「当主」なのだとしたら、子どもたちという将来の「当主」をも含め、それら「当主」を支える仕事を、光嶋さんもこれから続けてゆかれるのだろうと思う。光嶋さんはきっぱりと書いている。「人が支え合う最小単位が家族であり、一つの家族が一つの家に住むというだけが豊かな社会のあり方ではないはずです」。

本書は、二〇一二年七月、アルテスパブリッシングより刊行された『みんなの家。　建築家一年生の初仕事』に文庫版のための書き下ろし「今になって思うこと」を各章に加え、「叶い続ける夢を見る」「特別展　ガウディ×井上雄彦　カタログエッセイ」を収録しました。

ちくま文庫

増補 みんなの家。
建築家一年生の初仕事と今になって思うこと

二〇二〇年三月十日 第一刷発行

著者 光嶋裕介（こうしま・ゆうすけ）
発行者 喜入冬子
発行所 株式会社 筑摩書房
東京都台東区蔵前二―五―三 〒一一一―八七五五
電話番号 〇三―五六八七―二六〇一（代表）
装幀者 安野光雅
印刷所 明和印刷株式会社
製本所 加藤製本株式会社

ISBN978-4-480-43655-9 C0152